"할아버지 할머니,
우리를 위해 기도해 주세요'"

이스라엘이여 너는 행복한 사람이로다
여호와의 구원을 너 같이 얻은 백성이 누구냐
그는 너를 돕는 방패시요 네 영광의 칼이시로다 (신 33:29 상)

사랑하는 손자녀가 지금까지 지내 온 은혜를
마음과 입술로 선포하게 하시고
자신이 얼마나 행복한 존재인지 깨닫게 하소서.

## 손자녀를 세우는 365 기도 습관

손자녀를 향한 소망을 품고 365일 동안
기도하는 조부모님이 계신다면,
그 가정은 반드시 믿음의 명가로 세워질 것입니다.
손자녀를 위해 기도하는 365일이
하나님의 풍성한 은혜를 누리는 시간,
손자녀가 하나님을 만나는 시간이길 간절히 기도합니다.

---

**곽상학 목사** | 안양제일교회 교육총괄 목사, 다음세움선교회 대표. 연세대학교 교육학과(B.A.), 백석대학교 신학대학원(M.Div.), 총신대학교 교육대학원(M.ed.)에서 공부했으며, 저서로는 『레디 액션 드라마 가정예배』, 『자녀를 세우는 52일 기도 챌린지』, 『주일학교를 세우는 52일 기도 챌린지』, 『손자녀를 세우는 52일 기도 습관』(생명의말씀사), 『청바지』, 『청진기』, 『한계란 없다』(이상 두란노) 등이 있다.

**이도복 목사** | 충신교회 교육총괄 목사, D6 Korea 콘퍼런스 협력목사. 장로회신학대학교 기독교교육(B.A.), 신학대학원(M.Div.), 석사학위(Th.M.)와 San Francisco 신학교에서 박사학위(D.min.)를 마쳤으며, 저서로는 『자녀를 세우는 52일 기도 챌린지』, 『주일학교를 세우는 52일 기도 챌린지』, 『모든 날 모든 순간 가정예배』, 『손자녀를 세우는 52일 기도 습관』(생명의말씀사) 등이 있다.

## 12.30

그런즉 누구든지 그리스도 안에 있으면 새로운 피조물이라
이전 것은 지나갔으니 보라 새 것이 되었도다 (고후 5:17)

사랑하는 손자녀가 한 해 감사했던 것을
믿음으로 고백하게 하시고
새 힘 주실 하나님을 찬양하게 하소서.

## 01.01

그는 돋는 해의 아침 빛 같고 구름 없는 아침 같고
비 내린 후의 광선으로
땅에서 움이 돋는 새 풀 같으니라 하시도다 (삼하 23:4)

사랑하는 손자녀가
돋는 해의 아침 빛 같은 하나님으로 인해
파릇한 새 풀처럼 소망의 나날을 경험하게 하소서.

**12.29**

그의 거룩한 이름을 자랑하라
여호와를 구하는 자들은
마음이 즐거울지로다 (시 105:3)

사랑하는 손자녀가 자신의 어떠함을
내세우기보다 하나님을 자랑하며
그 안에서 참 즐거움을 발견하게 하소서.

**01.02**

나의 하나님이여
내가 또 비파로 주를 찬양하며 주의 성실을 찬양하리이다
이스라엘의 거룩하신 주여 내가 수금으로 주를 찬양하리이다 (시 71:22)

사랑하는 손자녀가
하나님 만나기를 기쁨으로 여기며
하나님 찬양하기를 최고의 가치로 믿게 하소서.

**12.28**

여호와여 들으시고 내게 은혜를 베푸소서
여호와여 나를 돕는 자가 되소서 하였나이다 (시 30:10)

사랑하는 손자녀가 기도로
하나님 만나기를 기뻐하며
도우시고 건지시는 주님만 신뢰하게 하소서.

## 01.03

주의 율례들을 즐거워하며
주의 말씀을 잊지 아니하리이다 (시 119:16)

사랑하는 손자녀가
하나님 묵상하기를 행복의 근원으로 삼아
하나님을 가장 사랑한다고 고백하게 하소서.

**12.27**

주께서 택하시고 가까이 오게 하사
주의 뜰에 살게 하신 사람은 복이 있나이다
우리가 주의 집 곧 주의 성전의 아름다움으로 만족하리이다 (시 65:4)

사랑하는 손자녀가 주님의 성전을 사모하며
넘치는 복과 사랑을 누리게 하시고
주님의 아름다우심을 노래하게 하소서.

하나님이 이르시되
그가 나를 사랑한즉 내가 그를 건지리라
그가 내 이름을 안즉 내가 그를 높이리라 (시 91:14)

사랑하는 손자녀가
다윗처럼, 에스더처럼, 바울처럼, 다니엘처럼
하나님을 사랑하고 높이는 삶을 살도록 인도하소서.

**12.26**

그러나 나는 하나님의 집에 있는
푸른 감람나무 같음이여
하나님의 인자하심을 영원히 의지하리로다 (시 52:8)

사랑하는 손자녀가 푸른 감람나무와 같이
청청하고 생명력 있게 성장하게 하시고
하나님의 인자하심을 영원히 의지하게 하소서.

**01.05**

온 율법은 네 이웃 사랑하기를
네 자신 같이 하라 하신 한 말씀에서 이루어졌나니 (갈 5:14)

사랑하는 손자녀에게
하나님 사랑이 더 깊어져 이웃을 섬기는
폭넓은 사랑의 마음을 부어 주소서.

오늘 다윗의 동네에
너희를 위하여 구주가 나셨으니
곧 그리스도 주시니라 (눅 2:11)

사랑하는 손자녀가 참된 구원자로 오신
예수님을 삶의 자리에 모시며
가장 귀한 보배합을 드리게 하소서.

**01.06**

이와 같이 행함이 없는 믿음은
그 자체가 죽은 것이라 (약 2:17)

사랑하는 손자녀에게
상대방의 감정을 이해하는 공감 능력과
구체적인 사랑을 실천하는 용기를 주소서.

참 빛 곧 세상에 와서
각 사람에게 비추는 빛이 있었나니 (요 1:9)

사랑하는 손자녀가 참 빛이신
예수님을 날마다 바라보며
세상의 어두운 곳을 밝게 비추게 하소서.

**01.07**

내가 너희에게 행한 것 같이
너희도 행하게 하려 하여 본을 보였노라 (요 13:15)

사랑하는 손자녀가
무엇보다 예수님이 몸소 보이신
사랑과 섬김의 본을 따르게 하소서.

 **12.23**

말씀이 육신이 되어 우리 가운데 거하시매
우리가 그의 영광을 보니 아버지의 독생자의 영광이요
은혜와 진리가 충만하더라 (요 1:14)

사랑하는 손자녀가 예수님의 영광을 바라보며
하나님의 사랑과 구원의 기쁨을
평생 누리도록 인도하소서.

## 01.08

너희가 진리를 순종함으로 너희 영혼을 깨끗하게 하여
거짓이 없이 형제를 사랑하기에 이르렀으니
마음으로 뜨겁게 서로 사랑하라 (벧전 1:22)

우리를 죽기까지 사랑하신
주님의 사랑에 감사하며 이웃을 섬기는
따뜻한 사랑을 지닌 손자녀가 되게 하소서.

**12.22**

내가 여호와를 기다리고 기다렸더니
귀를 기울이사 나의 부르짖음을 들으셨도다 (시 40:1)

손자녀가 여호와를 기다리는 신앙을 갖게 하셔서
예수님의 음성 듣기를 소망하며
그 말씀을 따라가는 은혜를 주소서.

**01.09**

그러므로 사랑을 받는 자녀 같이
너희는 하나님을 본받는 자가 되고 (엡 5:1)

은혜와 긍휼을 베푸시는 하나님,
사랑하는 손자녀가
예수님의 사랑받는 자녀임을 고백하게 하소서.

 **12.21**

너희는 여호와의 선하심을 맛보아 알지어다
그에게 피하는 자는 복이 있도다 (시 34:8)

사랑하는 손자녀가 무슨 일을 만나든지
여호와께 피하게 하셔서
주님의 선하심을 맛보며 경험하게 하소서.

**01.10**

예수는 지혜와 키가 자라가며
하나님과 사람에게
더욱 사랑스러워 가시더라 (눅 2:52)

사랑하는 손자녀가
예수님의 성품을 닮아서
지혜와 키가 균형 있게 성장하게 하소서.

**12.20**

하나님이여 우리가 주께 감사하고 감사함은
주의 이름이 가까움이라
사람들이 주의 기이한 일들을 전파하나이다 (시 75:1)

사랑하는 손자녀가 하나님과 날마다
더욱 가까이하길 원하며
주님의 기이한 일을 많이 보게 하소서.

## 01.11

오직 마음에 숨은 사람을
온유하고 안정한 심령의 썩지 아니할 것으로 하라
이는 하나님 앞에 값진 것이니라 (벧전 3:4)

사랑하는 손자녀가
주님의 온유하심을 더욱 닮아
안정감 있게 자라게 하소서.

**12.19**

주께서 이를 행하셨으므로
내가 영원히 주께 감사하고 주의 이름이 선하시므로
주의 성도 앞에서 내가 주의 이름을 사모하리이다 (시 52:9)

사랑하는 손자녀가 하나님의 선하심과
인자하심을 영원토록 찬양하며
주님을 사모한다고 고백하게 하소서.

**01.12**

날마다 우리 짐을 지시는 주
곧 우리의 구원이신 하나님을 찬송할지로다 (시 68:19)

사랑하는 손자녀가
예수님이 허락하신 구원의 감격을 놓치지 않고
마음에 품으며 다윗처럼 노래하게 하소서.

## 12.18

내가 오늘 네 행복을 위하여
네게 명하는 여호와의 명령과 규례를
지킬 것이 아니냐 (신 10:13)

사랑하는 손자녀가 인생의 진정한 행복을
하나님으로부터 찾고 발견하게 하시고,
하늘의 기쁨을 깨닫게 하소서.

그러므로 내가 주의 계명들을
금 곧 순금보다 더 사랑하나이다 (시 119:127)

구원을 허락하시고 화평을 누리게 하시는 하나님,
사랑하는 손자녀가
예수님의 말씀을 사모하며 사랑하게 하소서.

**12.17**

우리가 종일 하나님을 자랑하였나이다
우리는 하나님의 이름에 영원히 감사하리이다 (시 44:8)

사랑하는 손자녀가 그 무엇보다
하나님을 가장 자랑스러워하며
복음을 전하는 믿음의 사람 되게 하소서.

## 01.14

악에서 떠나 선을 행하고
화평을 구하며 그것을 따르라 (벧전 3:11)

사랑하는 손자녀가
예수님이 행하신 일들에 감사하며
하나님과 평생 화평의 은혜를 누리게 하소서.

**12.16**

보라 내가 새 하늘과 새 땅을 창조하나니
이전 것은 기억되거나
마음에 생각나지 아니할 것이라 (사 65:17)

손자녀가 긍정적이고 창의적인 생각을 갖게 하시고
크고 작은 문제들을 해결할 수 있는
지혜와 명철을 손자녀에게 주소서.

이것이 노아의 족보니라
노아는 의인이요 당대에 완전한 자라
그는 하나님과 동행하였으며 (창 6:9)

사랑하는 손자녀가
자신의 인생 순간순간마다
예수님과 동행함을 감격하며 고백하게 하소서.

**12.15**

여호와는 나의 힘이요 노래시며 나의 구원이시로다
그는 나의 하나님이시니 내가 그를 찬송할 것이요
내 아버지의 하나님이시니 내가 그를 높이리로다 (출 15:2)

조부모인 나를 이제껏 신실하게 인도하셨듯
사랑하는 손자녀에게도 하나님이 동행해 주신
간증과 믿음의 역사가 쌓이게 하소서.

## 01.16

하나님의 약속은 얼마든지 그리스도 안에서 예가 되니
그런즉 그로 말미암아 우리가 아멘 하여
하나님께 영광을 돌리게 되느니라 (고후 1:20)

사랑하는 손자녀가
결국 예수님이 나의 모든 것 되심을 믿으며
'아멘'으로 화답하게 하소서.

**12.14**

좋은 소식을 전하며 평화를 공포하며 복된 좋은 소식을 가져오며
구원을 공포하며 시온을 향하여 이르기를 네 하나님이 통치하신다 하는 자의
산을 넘는 발이 어찌 그리 아름다운가 (사 52:7)

사랑하는 손자녀의 발이
복된 소식을 전하는 발이 되어,
그 믿음의 걸음이 힘차고 담대하게 하소서.

**01.17**

보혜사 곧 아버지께서 내 이름으로 보내실 성령
그가 너희에게 모든 것을 가르치고
내가 너희에게 말한 모든 것을 생각나게 하리라 (요 14:26)

사랑하는 손자녀가
우리를 도우시는 보혜사 성령님과
삶의 모든 순간마다 동행하게 하소서.

**12.13**

너희가 만일 성경에 기록된 대로
네 이웃 사랑하기를 네 몸과 같이 하라 하신
최고의 법을 지키면 잘하는 것이거니와 (약 2:8)

사랑하는 손자녀의 손이
전능하신 하나님의 오른손을 붙들며
다른 이웃의 손을 기꺼이 붙잡는 사랑과 용기를 주소서.

**01.18**

이와 같이 성령도 우리의 연약함을 도우시나니
우리는 마땅히 기도할 바를 알지 못하나 오직 성령이 말할 수 없는 탄식으로
우리를 위하여 친히 간구하시느니라 (롬 8:26)

사랑하는 손자녀가
성령님이 말할 수 없는 탄식으로
우릴 위해 기도하심을 믿으며 감사하게 하소서.

**12.12**

하나님이 그들로 하여금 이 비밀의 영광이
이방인 가운데 얼마나 풍성한지를 알게 하려 하심이라
이 비밀은 너희 안에 계신 그리스도시니 곧 영광의 소망이니라 (골 1:27)

사랑하는 손자녀의 마음이
하나님의 마음을 닮게 하셔서
따뜻함과 공감으로 풍성한 사랑을 흘려 보내게 하소서.

**01.19**

바나바는 착한 사람이요 성령과 믿음이 충만한 사람이라
이에 큰 무리가 주께 더하여지더라 (행 11:24)

사랑하는 손자녀가
바나바와 같이 성령과 믿음이 충만하여
사람과 이웃에게 착한 사람이 되게 하소서.

## 12.11

온순한 혀는 곧 생명 나무이지만
패역한 혀는 마음을 상하게 하느니라 (잠 15:4)

사랑하는 손자녀의 입이
하나님을 선포하게 하시고
사람을 살리는 생명의 말을 전하게 하소서.

주는 하늘에서 들으시고
주의 백성 이스라엘의 죄를 사하시고
그들과 그들의 조상들에게 주신 땅으로 돌아오게 하옵소서 (대하 6:25)

사랑하는 손자녀를 통해
큰 무리가 주님께 돌아오는
믿음의 역사를 허락하여 주소서.

## 12.10

이 말씀을 하시고
그들을 향하사 숨을 내쉬며 이르시되
성령을 받으라 (요 20:22)

사랑하는 손자녀의 코가
하나님의 숨결을 느끼고 호흡하며
숨 쉴 때마다 하나님께 감사하는 마음을 품게 하소서.

**01.21**

그는 진리의 영이라 세상은 능히 그를 받지 못하나니
이는 그를 보지도 못하고 알지도 못함이라 그러나 너희는 그를 아나니
그는 너희와 함께 거하심이요 또 너희 속에 계시겠음이라 (요 14:17)

사랑하는 손자녀의 믿음을
굳건하게 하시는 성령 하나님,
진리의 영으로 오셔서 거짓을 분별하게 도우소서.

**12.09**

우리 하나님이여 그들을 징벌하지 아니하시나이까
우리를 치러 오는 이 큰 무리를 우리가 대적할 능력이 없고
어떻게 할 줄도 알지 못하옵고 오직 주만 바라보나이다 하고 (대하 20:12)

사랑하는 손자녀의 눈이
하나님의 역사를 바라보게 하시고
악한 데 시선을 두거나 빼앗기지 않게 보호하소서.

**01.22**

여호와를 경외하는 자에게는 견고한 의뢰가 있나니
그 자녀들에게 피난처가 있으리라 (잠 14:26)

사랑하는 손자녀를 지혜의 영으로 이끄셔서
하나님을 아는 마음을 부으시고
능력 있는 삶을 살도록 인도하소서.

**12.08**

또 지진 후에 불이 있으나
불 가운데에도 여호와께서 계시지 아니하더니
불 후에 세미한 소리가 있는지라 (왕상 19:12)

사랑하는 손자녀의 귓가에
하나님의 세미한 음성을 들려주셔서
그 말씀 앞에 엎드리게 하소서.

**01.23**

우리 안에 거하시는 성령으로 말미암아
네게 부탁한 아름다운 것을 지키라 (딤후 1:14)

우리 안에 거하시는 성령님의 역사로
사랑하는 손자녀의 삶에서 이루실
아름다운 일들이 나타나고 드러나게 하소서.

## 12.07

곧 너와 네 아들과 네 손자들이 평생에 네 하나님 여호와를 경외하며
내가 너희에게 명한 그 모든 규례와 명령을 지키게 하기 위한 것이며
또 네 날을 장구하게 하기 위한 것이라 (신 6:2)

우리 삶의 주인이신 하나님,
사랑하는 손자녀의 생각과 사고가
주님을 경외하는 것으로 가득 채워지게 하소서.

**01.24**

오직 여호와의 율법을 즐거워하여
그의 율법을 주야로 묵상하는도다 (시 1:2)

말씀으로 찾아오시고 만나 주시는 하나님,
사랑하는 손자녀에게
말씀을 사모하며 주야로 묵상하는 은혜를 주소서.

## 12.06

요셉은 무성한 가지
곧 샘 곁의 무성한 가지라
그 가지가 담을 넘었도다 (창 49:22)

손자녀가 담장 너머로 뻗은 나무가 되게 하시고
아름다운 하나님의 사람으로 꽃피우는
믿음의 거목이 되게 하소서.

**01.25**

말씀이 육신이 되어 우리 가운데 거하시매
우리가 그의 영광을 보니 아버지의 독생자의 영광이요
은혜와 진리가 충만하더라 (요 1:14)

말씀이 육신이 되어 우리 가운데 거하시는 예수님,
사랑하는 손자녀가
진리의 말씀인 성경을 가장 가까이하게 하소서.

그가 이르되 네 이름을 다시는 야곱이라 부를 것이 아니요
이스라엘이라 부를 것이니
이는 네가 하나님과 및 사람들과 겨루어 이겼음이니라 (창 32:28)

얍복강에서 씨름하며 하나님을 사모한 야곱처럼
사랑하는 손자녀가 주님의 복을 사모하여
열매를 맺고 나누게 하소서.

## 01.26

사람의 걸음은 여호와로 말미암나니
사람이 어찌 자기의 길을 알 수 있으랴 (잠 20:24)

사랑하는 손자녀가
질문이 있을 때, 외롭고 답답할 때, 감사하고 행복할 때,
어느 때일지라도 말씀에서 답을 얻게 하소서.

**12.04**

요셉의 활은 도리어 굳세며 그의 팔은 힘이 있으니
이는 야곱의 전능자 이스라엘의 반석인
목자의 손을 힘입음이라 (창 49:24)

어떤 시련도 이겨 낼 강한 팔이 있던 요셉처럼
전능하신 하나님이 사랑하는 손자녀와
언제나 함께하여 주소서.

누구든지 그의 말씀을 지키는 자는
하나님의 사랑이 참으로 그 속에서 온전하게 되었나니
이로써 우리가 그의 안에 있는 줄을 아노라 (요일 2:5)

사랑하는 손자녀에게
진리의 말씀을 지키기 위해 흔들리지 않는 용기를,
은혜의 말씀을 받기 위해 사모하는 간절함을 주소서.

**12.03**

하나님이 자기와 말씀하시던 곳의 이름을
벧엘이라 불렀더라 (창 35:15)

할아버지 때 허락하신 하나님의 복을 사모하며
일평생 믿음의 자리를 지킨 야곱처럼,
신앙의 대를 잇는 손자녀 되게 하소서.

**01.28**

우리는 오로지 기도하는 일과
말씀 사역에 힘쓰리라 하니 (행 6:4)

사랑하는 손자녀에게
기도의 은사와 말씀의 능력을 고루 부어 주시고
삶에서 깊은 은혜를 경험하게 인도하소서.

**12.02**

우리가 일어나 벧엘로 올라가자 내 환난 날에 내게 응답하시며
내가 가는 길에서 나와 함께 하신 하나님께
내가 거기서 제단을 쌓으려 하노라 하매 (창 35:3)

야곱의 하나님!
언약의 축복을 사모한 야곱처럼
전능하신 하나님께 목마른 손자녀가 되게 하소서.

바로와 그의 군대를 홍해에 엎드러뜨리신 이에게 감사하라
그 인자하심이 영원함이로다 (시 136:15)

불평과 불안과 두려움을 말하는 시대에
감사의 보화를 찾는 지혜를
사랑하는 손자녀에게 허락하소서.

**12.01**

또 마음을 다하고 지혜를 다하고 힘을 다하여 하나님을 사랑하는 것과
또 이웃을 자기 자신과 같이 사랑하는 것이
전체로 드리는 모든 번제물과 기타 제물보다 나으니이다 (막 12:33)

평화의 왕이신 하나님,
사랑하는 손자녀가 하나님을 사랑하듯
이웃을 자기 몸과 같이 사랑하며 살게 하소서.

**01.30**

내가 주의 법을 어찌 그리 사랑하는지요
내가 그것을 종일 작은 소리로 읊조리나이다 (시 119:97)

사랑하는 손자녀에게
말씀을 많이 암송할 수 있는 지식을 부어 주시고
은혜의 자리에 늘 거하게 하소서.

하늘로부터 소리가 나기를
너는 내 사랑하는 아들이라
내가 너를 기뻐하노라 하시니라 (막 1:11)

사랑하는 손자녀에게
하나님과 사람 앞에 당당하게 서는
건강한 자존감과 자신감을 주소서.

**01.31**

그러므로 믿음은 들음에서 나며
들음은 그리스도의 말씀으로 말미암았느니라 (롬 10:17)

말씀을 들을 때
사랑하는 손자녀의 마음이 활짝 열려
믿음이 성장하게 하소서.

아브라함이 그 땅 이름을 여호와 이레라 하였으므로
오늘날까지 사람들이 이르기를
여호와의 산에서 준비되리라 하더라 (창 22:14)

모리아산에서 끝까지 순종한 이삭처럼
하나님의 말씀이라면 믿고 나아가는
순종의 손자녀가 되게 하소서.

**02.01**

우리가 다 하나님의 아들을 믿는 것과 아는 일에 하나가 되어
온전한 사람을 이루어 그리스도의 장성한 분량이
충만한 데까지 이르리니 (엡 4:13)

사랑하는 손자녀가
그리스도의 장성한 분량에 이르는
생명력 넘치는 그리스도인이 되게 하소서.

**11.28**

이삭이 그 곳에 제단을 쌓고,
여호와의 이름을 부르며 거기 장막을 쳤더니
이삭의 종들이 거기서도 우물을 팠더라 (창 26:25)

이삭의 하나님!
믿음 안에서 양육받은 이삭의 인생처럼
손자녀도 어릴 적부터 견고한 믿음으로 양육받게 하소서.

**02.02**

만군의 여호와여
주께 의지하는 자는 복이 있나이다 (시 84:12)

사랑하는 손자녀에게
믿음의 진보가 매일 일어나
시온의 대로가 펼쳐지는 삶이 되게 하소서.

**11.27**

내가 네게 큰 복을 주고
네 씨가 크게 번성하여 하늘의 별과 같고 바닷가의 모래와 같게 하리니
네 씨가 그 대적의 성문을 차지하리라 (창 22:17)

하늘의 별처럼 수많은 백성이 하나님을 경배할 때
사랑하는 손자녀도 많은 사람을 주님께로 인도하는
빛나는 믿음의 사람 되게 하소서.

**02.03**

이는 모든 씨보다 작은 것이로되
자란 후에는 풀보다 커서 나무가 되매
공중의 새들이 와서 그 가지에 깃들이느니라 (마 13:32)

출애굽한 백성에게 펼쳐진 종려나무 70주처럼
사랑하는 손자녀가 믿음의 거목이 되어
쉼과 회복을 전하고 누리게 하소서.

**11.26**

하나님이 또 아브라함에게 이르시되
그런즉 너는 내 언약을 지키고
네 후손도 대대로 지키라 (창 17:9)

아브라함의 하나님!
우리 가문의 모든 자녀와 손자녀가
아브라함의 하나님을 경험하고 배우게 하소서.

**02.04**

이는 내가 육신으로는 떠나 있으나 심령으로는 너희와 함께 있어
너희가 질서 있게 행함과 그리스도를 믿는 너희 믿음이
굳건한 것을 기쁘게 봄이라 (골 2:5)

사랑하는 손자녀가
하나님의 성전 건축에 쓰인 백향목처럼
믿음이 단단하고 굳건하게 하소서.

믿음의 주요 또 온전하게 하시는 이인 예수를 바라보자
그는 그 앞에 있는 기쁨을 위하여 십자가를 참으사
부끄러움을 개의치 아니하시더니 하나님 보좌 우편에 앉으셨느니라 (히 12:2)

사랑하는 손자녀의 인생을 통해
오직 하나님만이
우리 믿음의 대상이심을 가르치소서.

02.05

우리가 마음에 뿌림을 받아 악한 양심으로부터 벗어나고
몸은 맑은 물로 씻음을 받았으니
참 마음과 온전한 믿음으로 하나님께 나아가자 (히 10:22)

우리에게 믿음을 주시는 하나님,
사랑하는 손자녀에게
결코 변하지 않는 온전한 믿음을 주소서.

**11.24**

우리가 이 보배를 질그릇에 가졌으니
이는 심히 큰 능력은 하나님께 있고
우리에게 있지 아니함을 알게 하려 함이라 (고후 4:7)

사랑하는 손자녀가
하나님의 은혜에 감격하며
향기롭고 보배로운 예배자로 서게 하소서.

**02.06**

여호와의 사자가 기드온에게 나타나 이르되
큰 용사여 여호와께서 너와 함께 계시도다 하매 (삿 6:12)

날마다 우리와 함께 계시는 하나님,
사랑하는 손자녀를 불러 주시고
시대를 변화시키는 믿음의 용사로 인도하소서.

 **11.23**

내가 여호와께 바라는 한 가지 일 그것을 구하리니
곧 내가 내 평생에 여호와의 집에 살면서 여호와의 아름다움을 바라보며
그의 성전에서 사모하는 그것이라 (시 27:4)

사랑하는 손자녀가
여호와의 집에 영원히 거하는 소망을 지닌
신앙인으로 살게 하소서.

주께서 이르시되 너희에게 겨자씨 한 알만한 믿음이 있었더라면
이 뽕나무더러 뿌리가 뽑혀 바다에 심기어라 하였을 것이요
그것이 너희에게 순종하였으리라 (눅 17:6)

사랑하는 손자녀가
겨자씨 같은 믿음으로 산을 옮기며,
주님의 부르심에 순종하게 하소서.

심령이 가난한 자는 복이 있나니
천국이 그들의 것임이요 (마 5:3)

사랑하는 손자녀가 천국을 바라보며
지금 이 땅에서 하나님 나라를 경험하고
하나님의 역사를 기억하고 감사하게 하소서.

**02.08**

그러므로 우리가 흔들리지 않는 나라를 받았은즉
은혜를 받자 이로 말미암아 경건함과 두려움으로
하나님을 기쁘시게 섬길지니 (히 12:28)

세상을 따라가지 않으며 오직 믿음으로 살겠다는
사랑하는 손자녀의 결단이
흔들리지 않게 붙드소서.

## 11.21

실로 내가 내 영혼으로 고요하고 평온하게 하기를
젖 뗀 아이가 그의 어머니 품에 있음 같게 하였나니
내 영혼이 젖 뗀 아이와 같도다 (시 131:2)

사랑하는 손자녀가 가정 안에서
평안과 회복을 경험하게 하시고
감사로 하루를 마무리하도록 인도하소서.

**02.09**

전에 하던 대로 하루 세 번씩 무릎을 꿇고 기도하며
그의 하나님께 감사하였더라 (단 6:10 하)

감사의 이유가 되시는 하나님,
사랑하는 손자녀가 어떤 상황에서도
감사를 발견하고 고백하게 하소서.

**11.20**

네가 들어와도 복을 받고
나가도 복을 받을 것이니라 (신 28:6)

손자녀가 출입하는 공간마다
하나님의 동행하심을 경험하며
들어와도 복을 받고 나가도 복을 받게 하소서.

**02.10**

이는 지혜와 훈계를 알게 하며
명철의 말씀을 깨닫게 하며 (잠 1:2)

사랑하는 손자녀가
말씀을 읽고 깨닫게 하시고
말씀을 올바로 이해할 수 있는 지혜를 주소서.

**11.19**

여호와의 친밀하심이
그를 경외하는 자들에게 있음이여
그의 언약을 그들에게 보이시리로다 (시 25:14)

오늘 하루 손자녀를 품에 안아 주시며
친밀하게 돌보시고
때마다 보호하시고 공급하소서.

**02.11**

그의 백성을 인도하여
광야를 통과하게 하신 이에게 감사하라
그 인자하심이 영원함이로다 (시 136:16)

사랑하는 손자녀가
나의 노력과 결과를 넘어
하나님의 이끄심을 감사하게 하소서.

**11.18**

너희의 믿음의 역사와 사랑의 수고와
우리 주 예수 그리스도에 대한 소망의 인내를
우리 하나님 아버지 앞에서 끊임없이 기억함이니 (살전 1:3)

나의 목자이신 하나님만을 바라보는 인내가
사랑하는 손자녀의 삶에
넘치도록 맺히게 하소서.

## 02.12

하나님이 솔로몬에게
지혜와 총명을 심히 많이 주시고 또 넓은 마음을 주시되
바닷가의 모래 같이 하시니 (왕상 4:29)

사랑하는 손자녀에게
솔로몬의 지혜와 총명을 주셔서
매 순간 옳고 그름을 정확하게 분별하게 하소서.

**11.17**

우리 마음이 그를 즐거워함이여
우리가 그의 성호를 의지하였기 때문이로다 (시 33:21)

어떤 상황에도 흔들리지 않는 믿음과
여호와 하나님만을 평생 섬기는 신실함을
사랑하는 손자녀의 삶에 허락해 주소서.

## 02.13

예수께서 대답하여 이르시되 기록되었으되
사람이 떡으로만 살 것이 아니요 하나님의 입으로부터 나오는
모든 말씀으로 살 것이라 하였느니라 하시니 (마 4:4)

말씀으로 유혹을 물리치신 예수님처럼
손자녀에게도 말씀이 가장 강력한
삶의 무기이자 안내자가 되게 하소서.

**11.16**

감사로 제사를 드리는 자가 나를 영화롭게 하나니
그의 행위를 옳게 하는 자에게
내가 하나님의 구원을 보이리라 (시 50:23)

하나님의 은혜에 감사하며
사랑이 많으신 주님, 나를 잘 아시는 주님을
믿음의 입술로 고백하는 손자녀 되게 하소서.

**02.14**

아침과 저녁마다 서서
여호와께 감사하고 찬송하며 (대상 23:30)

사랑하는 손자녀가
아침에 일어나 새 하루를 주신 하나님께 감사하며
저녁까지 동행하시는 예수님께 감사하게 하소서.

**11.15**

그의 성호를 자랑하라
여호와를 구하는 자마다
마음이 즐거울지로다 (대상 16:10)

손자녀가 하나님의 이름을 노래할 때마다
선하신 주님, 좋으신 주님,
친절하신 주님을 느끼게 하소서.

## 02.15

우리에게 여러 가지 심한 고난을 보이신 주께서
우리를 다시 살리시며
땅 깊은 곳에서 다시 이끌어 올리시리이다 (시 71:20)

사랑하는 손자녀가
주님 주시는 믿음의 힘으로
모든 고난을 떨치고 일어서게 하소서.

## 11.14

볼지어다 내가 네 앞에 열린 문을 두었으되 능히 닫을 사람이 없으리라
내가 네 행위를 아노니 네가 작은 능력을 가지고서도 내 말을 지키며
내 이름을 배반하지 아니하였도다 (계 3:8)

사랑하는 손자녀에게
열린 마음과 굳건한 믿음을 주셔서
하나님 주신 능력으로 승리하게 하소서.

## 02.16

이르되 감사하옵나니
옛적에도 계셨고 지금도 계신 주 하나님 곧 전능하신 이여
친히 큰 권능을 잡으시고 왕 노릇 하시도다 (계 11:17)

손자녀가 과거에 베푸신 일을 '계속' 감사하고
오늘 역사하시는 은혜에 '바로' 감사하며
미래에 예비하실 소망에 '미리' 감사하게 하소서.

주께서 사랑하시는 자를 건지시기 위하여
주의 오른손으로 구원하시고 응답하소서 (시 60:5)

아버지 하나님의 거룩하신 오른손과 팔로
사랑하는 손자녀를
때로는 강하게, 때로는 자상하게 이끌어 주소서.

**02.17**

모든 성경은 하나님의 감동으로 된 것으로
교훈과 책망과 바르게 함과
의로 교육하기에 유익하니 (딤후 3:16)

말씀으로 새롭게 하시는 하나님,
손자녀가 성령의 감동으로 기록된 성경을
늘 사랑하고 가까이하게 하소서.

하나님은 나를 돕는 이시며
주께서는 내 생명을
붙들어 주시는 이시니이다 (시 54:4)

다윗의 평생을 책임지시고 이끌어 주신 것처럼
사랑하는 손자녀의
모든 날, 모든 순간을 붙들어 주소서.

## 02.18

여호와의 속량함을 받은 자들이 돌아오되 노래하며 시온에 이르러 그들의 머리 위에 영영한 희락을 띠고 기쁨과 즐거움을 얻으리니 슬픔과 탄식이 사라지리로다 (사 35:10)

기쁨과 즐거움의 이유이신 하나님,
사랑하는 손자녀가 기쁨과 즐거움으로
주님을 섬기게 하소서.

## 11.11

이스라엘아 여호와를 바랄지어다
여호와께서는 인자하심과
풍성한 속량이 있음이라 (시 130:7)

선한 목자이신 하나님,
손자녀를 가장 안전하고 좋은 길로 인도하시고
풍성한 은혜로 채우시니 감사드립니다.

## 02.19

여호와의 율법은 완전하여 영혼을 소성시키며
여호와의 증거는 확실하여
우둔한 자를 지혜롭게 하며 (시 19:7)

양과 같이 연약한 손자녀를
푸른 초장으로 인도하시고
넉넉한 꼴과 쉼을 허락하여 주소서.

**11.10**

너는 네 떡을 물 위에 던져라
여러 날 후에 도로 찾으리라 (전 11:1)

하나님께 받은 넘치는 사랑이
손자녀에게만 머물지 않고
도움이 필요한 이들에게 아름답게 흘러가게 하소서.

**02.20**

비록 무화과나무가 무성하지 못하며 포도나무에 열매가 없으며
감람나무에 소출이 없으며 밭에 먹을 것이 없으며
우리에 양이 없으며 외양간에 소가 없을지라도 (합 3:17)

외양간에 송아지가 없을지라도
오직 여호와로 인하여 기뻐하는
손자녀가 되게 하소서.

**11.09**

하늘로부터 소리가 있어 말씀하시되
이는 내 사랑하는 아들이요
내 기뻐하는 자라 하시니라 (마 3:17)

손자녀가 자신이 사랑받는 존재임을 알아
그 사랑에 감사하며
하나님 은혜에 감격하게 하소서.

## 02.21

이는 여호와께서 요셉과 함께 하심이라
여호와께서 그를 범사에 형통하게 하셨더라 (창 39:23 하)

사랑하는 손자녀의 범사를 형통하게 하시고
삶의 문들이 환하게 열리며
찬송의 능력으로 풀어지는 역사를 주소서.

**11.08**

예수께서 대답하여 이르시되 기록된 바
주 너의 하나님께 경배하고 다만 그를 섬기라 하였느니라 (눅 4:8)

악한 영과 원수의 시험을
말씀으로 능히 이기신 예수님처럼
하나님만 의지하는 손자녀가 되게 하소서.

## 02.22

주의 말씀은 내 발에 등이요
내 길에 빛이니이다 (시 119:105)

사랑하는 손자녀의 걸음걸음마다
말씀의 빛을 비추시고
생명의 말씀이신 예수님과 동행하게 하소서.

## 11.07

그 뜻의 비밀을 우리에게 알리신 것이요
그의 기뻐하심을 따라 그리스도 안에서
때가 찬 경륜을 위하여 예정하신 것이니 (엡 1:9)

미래에 대한 소망과 기대가 불투명한 시대에
손자녀의 모든 것을 아시고 이끄시는
하나님을 향한 견고한 믿음이 자리 잡게 하소서.

**02.23**

주께서 나의 슬픔이 변하여 내게 춤이 되게 하시며
나의 베옷을 벗기고 기쁨으로 띠 띠우셨나이다 (시 30:11)

사랑하는 손자녀의
슬픔이 바뀌어 춤이 되게 하시고
탄식이 변하여 기쁨이 되게 하소서.

**11.06**

우리가 너의 승리로 말미암아 개가를 부르며
우리 하나님의 이름으로 우리의 깃발을 세우리니
여호와께서 네 모든 기도를 이루어 주시기를 원하노라 (시 20:5)

사랑하는 손자녀가
참된 목자이신 하나님이 주실
승리를 굳게 믿고 선포하게 하소서.

## 02.24

너의 하나님 여호와가 너의 가운데에 계시니 그는 구원을 베푸실 전능자이시라
그가 너로 말미암아 기쁨을 이기지 못하시며 너를 잠잠히 사랑하시며
너로 말미암아 즐거이 부르며 기뻐하시리라 하리라 (습 3:17)

구원을 베푸실 전능자 하나님이
손자녀를 향한 기쁨을 이기지 못하시며
잠잠히 사랑하시는 분임을 고백하게 하소서.

## 11.05

내가 넘치는 진노로 내 얼굴을 네게서 잠시 가렸으나
영원한 자비로 너를 긍휼히 여기리라
네 구속자 여호와께서 말씀하셨느니라 (사 54:8)

사랑하는 손자녀를 선하게 이끄시는 하나님,
이 하루도 은혜와 사랑을 베풀어 주시고
자비와 긍휼로 안아 주심에 감사하게 하소서.

**02.25**

너희가 전에는 백성이 아니더니 이제는 하나님의 백성이요
전에는 긍휼을 얻지 못하였더니 이제는 긍휼을 얻은 자니라 (벧전 2:10)

우리를 왕 같은 제사장으로 불러 주신 하나님,
사랑하는 손자녀가 자신이 하나님의 사랑받는
은혜의 자녀임을 깨닫게 하소서.

**11.04**

또 오셔서 먼 데 있는 너희에게 평안을 전하시고
가까운 데 있는 자들에게 평안을 전하셨으니 (엡 2:17)

손자녀의 삶을 책임지시고 안위하시는
하나님의 구체적인 손길을 고백하며
참된 안정과 평안을 누리게 하소서.

**02.26**

영접하는 자 곧 그 이름을 믿는 자들에게는
하나님의 자녀가 되는 권세를 주셨으니 (요 1:12)

숫자와 수치로 사람을 평가하는 시대에
하나님의 자녀라는 사실이
손자녀의 가장 큰 자산과 확신이 되게 인도하소서.

**11.03**

내가 사망의 음침한 골짜기로 다닐지라도
해를 두려워하지 않을 것은 주께서 나와 함께 하심이라
주의 지팡이와 막대기가 나를 안위하시나이다 (시 23:4)

사랑하는 손자녀의 삶을
주님의 지팡이로 선하게 인도하시며
주님의 막대기로 안전히 보호하여 주소서.

**02.27**

성령이 비둘기 같은 형체로 그의 위에 강림하시더니
하늘로부터 소리가 나기를 너는 내 사랑하는 아들이라
내가 너를 기뻐하노라 하시니라 (눅 3:22)

하나님이 불러 주시는 사랑의 음성이
손자녀의 귓가에도
명확하고 분명하게 들리게 하소서.

주께서 나를 모든 악한 일에서 건져내시고
또 그의 천국에 들어가도록 구원하시리니
그에게 영광이 세세무궁토록 있을지어다 아멘 (딤후 4:18)

사나운 맹수 같은 악한 영의 공격이 찾아올지라도
하나님을 온전히 신뢰하며 믿음으로 선포하는
손자녀 되게 하소서.

## 02.28

그 날에 내가 다윗의 무너진 장막을 일으키고
그것들의 틈을 막으며 그 허물어진 것을 일으켜서
옛적과 같이 세우고 (암 9:11)

사랑하는 손자녀가 예상치 못한 난관을 맞아도
흔들리지 않는 견고한 자존감으로
다시 회복하고 일어설 용기를 허락하소서.

## 11.01

다윗이 블레셋 사람에게 이르되 너는 칼과 창과 단창으로 내게 나아 오거니와 나는 만군의 여호와의 이름 곧 네가 모욕하는 이스라엘 군대의 하나님의 이름으로 네게 나아가노라 (삼상 17:45)

불안과 염려가 찾아와도 두려워하지 않고
다윗처럼 주님이 함께하심을 고백하며
자존감과 긍정적 태도가 앞서는 손자녀 되게 하소서.

## 02.29

옳다 인정함을 받는 자는 자기를 칭찬하는 자가 아니요
오직 주께서 칭찬하시는 자니라 (고후 10:18)

예수님께 칭찬받는 자녀가 얼마나 든든한지
성령님과 동행하는 자녀가 얼마나 행복한지
삶에서 증거하며 선포하는 손자녀가 되게 하소서.

생각하건대 현재의 고난은
장차 우리에게 나타날 영광과 비교할 수 없도다 (롬 8:18)

손자녀가 현재 상황이 아무리 어렵더라도
장차 나타날 영광과는 비교할 수 없음을 고백하고,
마침내 승리와 구원의 노래를 부르게 하소서.

## 03.01

너는 진리의 말씀을 옳게 분별하며
부끄러울 것이 없는 일꾼으로 인정된 자로
자신을 하나님 앞에 드리기를 힘쓰라 (딤후 2:15)

사랑하는 손자녀가
하나님을 삶으로 증거하며
하나님 나라의 일꾼으로 인정받게 하소서.

**10.30**

이기기를 다투는 자마다 모든 일에 절제하나니
그들은 썩을 승리자의 관을 얻고자 하되
우리는 썩지 아니할 것을 얻고자 하노라 (고전 9:25)

손자녀가 어느 곳에 있든 무엇을 하든
능력과 사랑과 절제하는 마음으로 가득한
삶의 여정을 허락하여 주소서.

## 03.02

사랑하는 자여 네 영혼이 잘됨 같이
네가 범사에 잘되고 강건하기를 내가 간구하노라 (요삼 1:2)

사랑하는 손자녀의
마음과 몸과 영이
균형 있는 성장을 이루게 하소서.

**10.29**

대저 그는 정의의 길을 보호하시며
그의 성도들의 길을 보전하려 하심이니라 (잠 2:8)

손자녀가 하나님의 의의 길을
담대하게 걸어갈 때 올바른 길을 찾게 하시고
의로운 삶이 무엇인지 깨닫게 하소서.

**03.03**

그의 영광의 풍성함을 따라 그의 성령으로 말미암아
너희 속사람을 능력으로 강건하게 하시오며 (엡 3:16)

힘이 없고 근심하던 다니엘을
찾아오셔서 어루만지신 것처럼,
사랑하는 손자녀를 위로하사 강건케 하소서.

**10.28**

너희가 알 것은 죄인을 미혹된 길에서 돌아서게 하는 자가
그의 영혼을 사망에서 구원할 것이며
허다한 죄를 덮을 것임이라 (약 5:20)

손자녀가 죄의 길에서 빠르게 벗어나게 하시고
유혹의 자리에서는 돌아설 용기를 주셔서
영혼이 잘되고 범사에 강건함이 넘치게 하소서.

## 03.04

그 시냇물을 마시라
내가 까마귀들에게 명령하여
거기서 너를 먹이게 하리라 (왕상 17:4)

두려움에 지쳐 숨어 있던 엘리야를
먹이시고 마시게 하사 회복시키신 것처럼,
사랑하는 손자녀를 만나 주시고 일으켜 주소서.

 **10.27**

이러므로 우리에게 구름 같이 둘러싼 허다한 증인들이 있으니
모든 무거운 것과 얽매이기 쉬운 죄를 벗어 버리고
인내로써 우리 앞에 당한 경주를 하며 (히 12:1)

새로운 일을 도전하려고 결심할 때
얽매이기 쉬운 무거운 짐을 벗어 버리고
손자녀 앞에 있는 경주를 인내로 감당하게 하소서.

너는 범사에 그를 인정하라
그리하면 네 길을 지도하시리라 (잠 3:6)

사랑하는 손자녀에게
연약한 생각에서 속히 일어날 힘을 주시고
죄악의 길에 서지 않는 결단력을 주소서.

**10.26**

주의 구원의 즐거움을 내게 회복시켜 주시고
자원하는 심령을 주사 나를 붙드소서 (시 51:12)

손자녀가 삶에서 힘든 상황을 맞이할 때마다
하나님이 공급해 주시는 힘을 의지하여
다시 일어서고 회복하는 능력을 허락해 주소서.

**03.06**

복 있는 사람은 악인들의 꾀를 따르지 아니하며
죄인들의 길에 서지 아니하며
오만한 자들의 자리에 앉지 아니하고 (시 1:1)

오만한 자의 길에 앉지 않는 분별을 주셔서
늘 복 있는 사람으로 말씀을 붙들며 살아가는
사랑하는 손자녀 되게 하소서.

**10.25**

끝으로 너희가 주 안에서와
그 힘의 능력으로 강건하여지고 (엡 6:10)

사랑하는 손자녀가
전인격적인 강건함을 덧입게 하셔서
마음과 몸과 생각과 인격이 주님을 닮게 하소서.

**03.07**

여호와의 말씀이니라
너희를 향한 나의 생각을 내가 아나니 평안이요 재앙이 아니니라
너희에게 미래와 희망을 주는 것이니라 (렘 29:11)

하나님의 은총을 받은 손자녀가
두려움 아닌 평안으로, 염려 아닌 소망으로
허락하신 이 하루를 걸어가게 하소서.

**10.24**

선한 사람은 마음에 쌓은 선에서 선을 내고
악한 자는 그 쌓은 악에서 악을 내나니
이는 마음에 가득한 것을 입으로 말함이니라 (눅 6:45)

하나님이 푸른 풀밭, 쉴 만한 물가로 인도하실 때
순종하며 따라가는 선한 마음을 주시고
그 길을 신뢰하며 의지하는 손자녀 되게 하소서.

**03.08**

그의 영광의 풍성함을 따라 그의 성령으로 말미암아
너희 속사람을 능력으로 강건하게 하시오며 (엡 3:16)

사랑하는 손자녀가 다른 무엇보다
하나님의 영광을 구할 때마다
능력으로 강건하게 덧입혀 주소서.

**10.23**

이스라엘을 지키시는 이는
졸지도 아니하시고 주무시지도 아니하시리로다 (시 121:4)

졸지도 주무시지도 않고
변함없이 손자녀를 지키시며 환난을 면케 하시는
하나님을 믿음으로 바라보게 하소서.

**03.09**

믿음으로 말미암아
그리스도께서 너희 마음에 계시게 하시옵고
너희가 사랑 가운데서 뿌리가 박히고 터가 굳어져서 (엡 3:17)

사랑하는 손자녀가
사랑 가운데 뿌리가 박히고 터가 굳어져서
하나님 한 분으로 충만하게 하소서.

**10.22**

나를 눈동자 같이 지키시고
주의 날개 그늘 아래에 감추사 (시 17:8)

손자녀가 지칠 때 피난처가 되어 주셔서
포근한 주님의 날개 그늘 밑에 거하며
세상이 알 수 없는 평안을 누리게 인도하소서.

## 03.10

일을 행하시는 여호와,
그것을 만들며 성취하시는 여호와,
그의 이름을 여호와라 하는 이가 이와 같이 이르시도다 (렘 33:2)

모든 일을 행하시고 성취하시는 하나님,
사랑하는 손자녀가 삶의 과제를 만날 때
성취의 기쁨을 맛보게 하소서.

나를 믿는 자는 성경에 이름과 같이
그 배에서 생수의 강이 흘러나오리라 하시니 (요 7:38)

사랑하는 손자녀가 목마를 때마다
영원히 마르지 않을 생수를 공급해 주셔서
다시 일어날 수 있는 능력을 허락하소서.

**03.11**

내가 지존하신 하나님께 부르짖음이여
곧 나를 위하여 모든 것을 이루시는 하나님께로다 (시 57:2)

사랑하는 손자녀가 작은 성공을 자주 경험케 하시고
그 성취가 하나님으로부터 내려옴을
입술로 시인하며 고백하는 믿음을 주소서.

여호와는 나의 요새이시요
나의 하나님은 내가 피할 반석이시라 (시 94:22)

사랑하는 손자녀가 광야를 만날 때
주님께로 피하게 하시고
거친 세상에서 갈급할 때 채워 주소서.

## 03.12

내가 네게 명령한 것이 아니냐
강하고 담대하라 두려워하지 말며 놀라지 말라 네가 어디로 가든지
네 하나님 여호와가 너와 함께 하느니라 하시니라 (수 1:9)

사랑하는 손자녀가 혹여
실패를 경험할지라도
다시 도전할 수 있는 용기와 담대함을 주소서.

**10.19**

주께서 내 마음에 두신 기쁨은
그들의 곡식과 새 포도주가 풍성할 때보다 더하니이다 (시 4:7)

곡식과 새 포도주가 풍성할 때보다
하나님으로 인한 기쁨이
사랑하는 손자녀에게 넘치게 하소서.

**03.13**

우리가 선을 행하되 낙심하지 말지니
포기하지 아니하면 때가 이르매 거두리라 (갈 6:9)

사랑하는 손자녀가 낙심하지 않고
포기하지 않을 때 반드시 거두게 하시는
주님을 신뢰하게 하소서.

**10.18**

젊은 사자는 궁핍하여 주릴지라도
여호와를 찾는 자는
모든 좋은 것에 부족함이 없으리로다 (시 34:10)

삶에서 결핍을 느낄 때도
여호와는 나의 목자시니 부족함이 없다는 고백이
손자녀의 삶 곳곳에서 흘러나오게 하소서.

**03.14**

하나님께서 행하시는 모든 것은 영원히 있을 것이라
그 위에 더 할 수도 없고
그것에서 덜 할 수도 없나니 (전 3:14 상)

사랑하는 손자녀가 모든 상황 속에서
하나님의 보이지 않는 손이 행하심을
신뢰하며 바라보게 하소서.

## 10.17

그는 우리의 하나님이시요
우리는 그가 기르시는 백성이며 그의 손이 돌보시는 양이기 때문이라
너희가 오늘 그의 음성을 듣거든 (시 95:7)

양은 목자를 따를 때만 살아갈 수 있사오니
예수님의 음성을 들으며 안전한 길로 가는
믿음의 손자녀가 되게 하소서.

**03.15**

마른 떡 한 조각만 있고도 화목하는 것이
제육이 집에 가득하고도 다투는 것보다 나으니라 (잠 17:1)

하나님이 주신 가족 공동체를 통해
배려와 존중을 배우게 하시고
사랑하는 손자녀가 좋은 성품을 갖게 하소서.

여호와께서 강한 손과 편 팔과 큰 위엄과 이적과 기사로
우리를 애굽에서 인도하여 내시고 (신 26:8)

사랑하는 손자녀가
때마다 공급해 주시는 하나님을 만나고
사랑으로 받아 주시는 손길을 늘 경험하게 하소서.

## 03.16

그리스도 예수 안에서
너희에게 주신 하나님의 은혜로 말미암아
내가 너희를 위하여 항상 하나님께 감사하노니 (고전 1:4)

크고 놀라운 성취를 경험할 때
모든 것이 하나님의 은혜임을 선포하는
감동과 감격과 감사가 살아 있는 손자녀 되게 하소서.

**10.15**

내가 그들을 기르는 목자들을 그들 위에 세우리니
그들이 다시는 두려워하거나 놀라거나 잃어 버리지 아니하리라
여호와의 말씀이니라 (렘 23:4)

손자녀의 삶 평생에 선한 목자가 되어 주셔서
갈 길을 알지 못해 방황하지 않고
하나님의 인도를 받는 믿음의 여정을 걷게 하소서.

**03.17**

나의 영혼아 잠잠히 하나님만 바라라
무릇 나의 소망이 그로부터 나오는도다 (시 62:5)

비전과 꿈을 주시는 하나님,
사랑하는 손자녀가 영의 생각을 열어
하나님만 바라게 하소서.

**10.14**

내가 여호와께서 우리에게 베푸신 모든 자비와 그의 찬송을 말하며
그의 사랑을 따라, 그의 많은 자비를 따라
이스라엘 집에 베푸신 큰 은총을 말하리라 (사 63:7)

사랑하는 손자녀의 어떤 상황과 형편에도
변함없는 사랑과 자비를
베풀어 주시는 하나님을 찬양하게 하소서.

마음이 지혜로운 자는 명철하다 일컬음을 받고
입이 선한 자는 남의 학식을 더하게 하느니라 (잠 16:21)

사랑하는 손자녀에게
지혜와 명철과 학문의 넓은 이해를 주셔서
하나님 주신 지혜로 세상을 섬기게 하소서.

**10.13**

여호와의 이름을 시온에서,
그 영예를 예루살렘에서
선포하게 하려 하심이라 (시 102:21)

말씀을 선포하는 것이 얼마나 큰 힘인지,
말씀을 믿는 것이 왜 가장 놀라운 은혜인지
깊이 경험하는 손자녀가 되게 하소서.

**03.19**

진실로 생명의 원천이 주께 있사오니
주의 빛 안에서 우리가 빛을 보리이다 (시 36:9)

하나님의 창의성을 본받아
늘 새로운 시선으로 바라보게 하시고
창조적인 사고와 지혜가 빛나는 손자녀 되게 하소서.

**10.12**

내가 주를 찬양할 때에
나의 입술이 기뻐 외치며
주께서 속량하신 내 영혼이 즐거워하리이다 (시 71:23)

삶의 경험이 풍성해질수록
말씀을 따라 사는 삶이 얼마나 위대한지
손자녀의 입술로, 삶으로 고백하게 하소서.

**03.20**

하나님이 이 네 소년에게 학문을 주시고
모든 서적을 깨닫게 하시고 지혜를 주셨으니
다니엘은 또 모든 환상과 꿈을 깨달아 알더라 (단 1:17)

다니엘에게 모든 꿈과 환상을 깨닫게 하신 것처럼
사랑하는 손자녀가 문제와 상황의 흐름을
조망하는 넓은 시야를 갖게 하소서.

**10.11**

내가 교회의 일꾼 된 것은
하나님이 너희를 위하여 내게 주신 직분을 따라
하나님의 말씀을 이루려 함이니라 (골 1:25)

교회 안에서 사랑하는 손자녀를
선한 일꾼으로 세워 주시고
목회자를 기도로 섬기며 돕게 하소서.

**03.21**

그러므로 내 사랑하는 형제들아
견실하며 흔들리지 말고 항상 주의 일에 더욱 힘쓰는 자들이 되라
이는 너희 수고가 주 안에서 헛되지 않은 줄 앎이라 (고전 15:58)

더 높은 곳을 바라보게 하시는 하나님,
사랑하는 손자녀가 견실하며
흔들리지 않는 비전을 품게 하소서.

**10.10**

너희 자녀들아 와서 내 말을 들으라
내가 여호와를 경외하는 법을
너희에게 가르치리로다 (시 34:11)

사랑하는 손자녀가
말씀을 대할 때 듣는 마음을 허락하시고
말씀을 볼 때 이해하고 깨닫게 하소서.

**03.22**

잇사갈 자손 중에서 시세를 알고
이스라엘이 마땅히 행할 것을 아는 우두머리가 이백 명이니
그들은 그 모든 형제를 통솔하는 자이며 (대상 12:32)

잇사갈 자손의 리더 200명이 시세를 알고
모든 형제를 통솔하는 리더십을 발휘한 것처럼
손자녀가 겸손과 섬김의 리더십을 겸비하게 하소서.

**10.09**

강한 손과 펴신 팔로 인도하여 내신 이에게 감사하라
그 인자하심이 영원함이로다 (시 136:12)

오늘도 우리를 이끄실 주님께 감사하며
주님을 닮아 가는 감사의 사람으로
사랑하는 손자녀를 인도하여 주소서.

## 03.23

그러므로 누구든지 나의 이 말을 듣고 행하는 자는
그 집을 반석 위에 지은 지혜로운 사람 같으리니 (마 7:24)

지혜와 계시를 부어 주시는 하나님,
사랑하는 손자녀가 지혜로우신 예수님을 닮아
반석 위에 집을 짓게 하소서.

하나님과 우리 주 예수를 앎으로
은혜와 평강이 너희에게 더욱 많을지어다 (벧후 1:2)

손자녀의 삶에 말씀의 능력을 허락하셔서
치열한 영적인 전투가 벌어질 때와
위기의 순간에도 말씀을 붙잡고 승리하게 하소서.

내가 항상 주와 함께 하니
주께서 내 오른손을 붙드셨나이다 (시 73:23)

사랑하는 손자녀가
믿음의 길, 은혜의 길을 선택할 때
함께하시는 하나님의 손길을 경험하게 하소서.

사랑은 이웃에게 악을 행하지 아니하나니
그러므로 사랑은 율법의 완성이니라 (롬 13:10)

사랑하는 손자녀가
이웃의 어려움과 고난을 외면하지 않고
손을 내밀며 시간을 내어 주는 선한 이웃 되게 하소서.

**03.25**

누가 주의 이 많은 백성을 재판할 수 있사오리이까
듣는 마음을 종에게 주사 주의 백성을 재판하여
선악을 분별하게 하옵소서 (왕상 3:9)

사랑하는 손자녀에게
하나님의 말씀을 듣는 마음을 주셔서
선악을 분별하는 손자녀가 되게 하소서.

**10.06**

육에 속한 사람은 하나님의 성령의 일들을 받지 아니하나니
이는 그것들이 그에게는 어리석게 보임이요, 또 그는 그것들을 알 수도 없나니
그러한 일은 영적으로 분별되기 때문이라 (고전 2:14)

손자녀가 육신의 일이 아니라
성령의 일을 따르게 하셔서
세상이 줄 수 없는 생명과 평안을 누리게 하소서.

**03.26**

이는 그가 모든 지혜와 총명을
우리에게 넘치게 하사 (엡 1:8)


솔로몬에게 더하신 지혜와 총명의 은혜를
사랑하는 손자녀에게도 넘치게 하사
하나님을 위해 값지게 쓰게 하소서.

## 10.05

그러므로 이제 그리스도 예수 안에 있는 자에게는
결코 정죄함이 없나니 (롬 8:1)

예수님 안에서 결코 정죄함이 없음을 고백할 때
생명의 성령의 법이 죄와 사망의 법에서
손자녀를 해방하는 완전한 자유를 누리게 하소서.

**03.27**

깊도다 하나님의 지혜와 지식의 풍성함이여,
그의 판단은 헤아리지 못할 것이며
그의 길은 찾지 못할 것이로다 (롬 11:33)

사랑하는 손자녀가
하나님의 지혜와 지식으로
궁창의 빛과 같이 빛나는 인생이 되게 하소서.

## 10.04

우리가 시작할 때에
확신한 것을 끝까지 견고히 잡고 있으면
그리스도와 함께 참여한 자가 되리라 (히 3:14)

사랑하는 손자녀가
믿음의 자리, 은혜의 자리, 복된 자리를
끝까지 지키게 하소서.

너희 믿음이 사람의 지혜에 있지 아니하고
다만 하나님의 능력에 있게 하려 하였노라 (고전 2:5)

사랑하는 손자녀가 복음을 전할 때
사람의 말과 지혜로 하지 않고
성령의 지혜로 전하게 하소서.

**10.03**

주께서 주의 백성을 구원하시려고,
기름 부음 받은 자를 구원하시려고 나오사 악인의 집의 머리를 치시며
그 기초를 바닥까지 드러내셨나이다 (합 3:13)

사랑하는 손자녀의 삶 속에서
때로 악과 불의가 승리하는 듯 보일 때도,
하나님이 허락하신 약속을 굳게 믿게 하소서.

하나님이 자기 형상
곧 하나님의 형상대로 사람을 창조하시되
남자와 여자를 창조하시고 (창 1:27)

손자녀를 하나님의 형상대로 지으시고
다양한 성품을 통해
하나님을 알게 하시니 감사합니다.

**10.02**

그 너비와 길이와 높이와 깊이가 어떠함을 깨달아
하나님의 모든 충만하신 것으로
너희에게 충만하게 하시기를 구하노라 (엡 3:19)

손자녀의 지혜와 생각이 자랄 때마다
하나님을 향한 지혜와 총명도 깊어져
구원의 확신이 더욱 견고해지게 하소서.

**03.30**

너희의 순종함이 모든 사람에게 들리는지라
그러므로 내가 너희로 말미암아 기뻐하노니
너희가 선한 데 지혜롭고 악한 데 미련하기를 원하노라 (롬 16:19)

선한 데 지혜롭게 하시는 하나님,
사랑하는 손자녀가
하나님께 칭찬받는 청지기가 되게 하소서.

이는 우리가 이제부터 어린 아이가 되지 아니하여
사람의 속임수와 간사한 유혹에 빠져
온갖 교훈의 풍조에 밀려 요동하지 않게 하려 함이라 (엡 4:14)

하나님을 멀리하게 하는 세상의 문화와
진리를 끊임없이 흔들려는 속임수 가운데서
손자녀를 친히 보호해 주소서.

좋은 땅에 있다는 것은
착하고 좋은 마음으로 말씀을 듣고 지키어
인내로 결실하는 자니라 (눅 8:15)

성실하시며 진실하신 하나님,
사랑하는 손자녀가 하나님의 열심을 본받아
자신에게 주어진 일에 끝까지 인내하게 하소서.

**09.30**

그러나 무릇 여호와를 의지하며
여호와를 의뢰하는 그 사람은
복을 받을 것이라 (렘 17:7)

하나님의 놀라우신 섭리 앞에
마음과 생각을 다 의뢰하는
사랑하는 손자녀 되게 하소서.

그가 우리를 대신하여 자신을 주심은
모든 불법에서 우리를 속량하시고 우리를 깨끗하게 하사
선한 일을 열심히 하는 자기 백성이 되게 하려 하심이라 (딛 2:14)

사도 바울의 고백처럼
복음을 위하여 선한 열심을 품는
끈기와 도전의 사람으로 손자녀를 인도하소서.

**09.29**

그러나 여호와여, 이제 주는 우리 아버지시니이다
우리는 진흙이요 주는 토기장이시니
우리는 다 주의 손으로 지으신 것이니이다 (사 64:8)

사랑하는 손자녀가
자신을 빚으시고 만드신
창조주 하나님을 신뢰하게 하소서.

## 04.02

주께서 너희 마음을 인도하여
하나님의 사랑과 그리스도의 인내에
들어가게 하시기를 원하노라 (살후 3:5)

빠르게 변하고 쉽게 포기하는 시대에
사랑하는 손자녀가 하나님을 향한 마음을 품고
인내의 열매를 풍성히 맺게 하소서.

**09.28**

오직 믿음으로 구하고 조금도 의심하지 말라
의심하는 자는 마치 바람에 밀려
요동하는 바다 물결 같으니 (약 1:6)

문제를 만나 의심이 밀려올 때도
진리를 붙들어 요동하지 않음으로
승리하는 손자녀로 이끌어 주소서.

**04.03**

오직 성령의 열매는
사랑과 희락과 화평과 오래 참음과 자비와 양선과 충성과 온유와 절제니
이같은 것을 금지할 법이 없느니라 (갈 5:22-23)

예배와 경건의 자리를 지키는 충성의 열매를,
다른 것에 쉽게 마음을 빼앗기지 않는 절제의 열매를
더 많이 맺는 손자녀 되게 하소서.

## 09.27

내 영혼아 네가 어찌하여 낙심하며 어찌하여 내 속에서 불안해 하는가
너는 하나님께 소망을 두라 나는 그가 나타나 도우심으로 말미암아
내 하나님을 여전히 찬송하리로다 (시 42:11)

사랑하는 손자녀가
삶에 찾아오는 어려운 상황과 낙심케 하는 시련을
능히 이겨 내게 하소서.

내가 주의 성전을 향하여 예배하며
주의 인자하심과 성실하심으로 말미암아 주의 이름에 감사하오리니
이는 주께서 주의 말씀을 주의 모든 이름보다 높게 하셨음이라 (시 138:2)

아침마다 인자하시며 밤마다 성실을 베푸시는 하나님,
사랑하는 손자녀가 하나님을 닮아
적극적인 태도와 책임감을 갖게 하소서.

## 09.26

그러므로 우리에게 큰 대제사장이 계시니
승천하신 이 곧 하나님의 아들 예수시라
우리가 믿는 도리를 굳게 잡을지어다 (히 4:14)

사랑하는 손자녀가
예수님을 믿는 도리가 흔들리지 않고
날마다 굳게 세워지게 하소서.

내가 달려갈 길과 주 예수께 받은 사명
곧 하나님의 은혜의 복음을 증언하는 일을 마치려 함에는
나의 생명조차 조금도 귀한 것으로 여기지 아니하노라 (행 20:24)

달려갈 길과 주 예수께 받은 사명을
영화롭게 완주하고 믿음의 길을 걷는
사랑하는 손자녀 되게 하소서.

**09.25**

여호와께서 노아에게 이르시되
너와 네 온 집은 방주로 들어가라
이 세대에서 네가 내 앞에 의로움을 내가 보았음이니라 (창 7:1)

사랑하는 손자녀가 혼탁한 세상에서
진리를 지키는 의로움을 품어
이단과 같은 잘못된 교리를 정확히 분별하게 하소서.

영원부터 만물을 창조하신
하나님 속에 감추어졌던 비밀의 경륜이
어떠한 것을 드러내게 하려 하심이라 (엡 3:9)

자신의 열심으로 낙심하지 않고
여호와의 열심이 결국 이루심을 보게 하셔서
하나님의 비밀의 경륜을 발견하는 손자녀 되게 하소서.

**09.24**

하나님의 말씀은 다 순전하며
하나님은 그를 의지하는 자의 방패시니라 (잠 30:5)

세상의 유혹과 영적 공격이 화살같이 쏟아질 때
피할 수 있는 판단력을 손자녀에게 주시고
믿음의 방패로 넉넉히 막아 내게 하소서.

**04.07**

여호와는 선하시며 환난 날에 산성이시라
그는 자기에게 피하는 자들을 아시느니라 (나 1:7)

환난 날에 산성이신 하나님,
사랑하는 손자녀가
여호와께 피하여 도움을 얻게 하소서.

**09.23**

여호와께서 요셉과 함께 하시고
그에게 인자를 더하사
간수장에게 은혜를 받게 하시매 (창 39:21)

손자녀가 평생 주님 안에서 참된 평안을 누리며
모든 것이 주님의 은혜임을 고백하는
복음의 사람이 되도록 인도하소서.

여호와는 나의 힘과 나의 방패이시니
내 마음이 그를 의지하여 도움을 얻었도다
그러므로 내 마음이 크게 기뻐하며 내 노래로 그를 찬송하리로다 (시 28:7)

사랑하는 손자녀에게
도우시는 여호와의 이름으로 찾아와 주시는 하나님,
감사와 영광과 찬송을 올려 드리니 받으소서.

**09.22**

그러므로 너희는 하나님이 택하사
거룩하고 사랑 받는 자처럼 긍휼과 자비와 겸손과 온유와
오래 참음을 옷 입고 (골 3:12)

손자녀가 하나님의 사랑을 받으며
평화를 위해 담대하게 앞장서고
겸손하게 자신을 낮추게 하소서.

 **04.09**

나의 힘이신 여호와여
내가 주를 사랑하나이다 (시 18:1)

우리의 가장 귀한 사랑을 받기 합당하신 하나님,
사랑하는 손자녀가
하나님을 온 맘 다해 사랑하게 하소서.

**09.21**

화평하게 하는 자는 복이 있나니
그들이 하나님의 아들이라 일컬음을 받을 것임이요 (마 5:9)

사랑하는 손자녀가
하나님과의 화평을 먼저 이루며
이웃들과의 평화도 함께 이루게 하소서.

내 하나님이여
내가 이 백성을 위하여 행한 모든 일을 기억하사
내게 은혜를 베푸시옵소서 (느 5:19)

사랑하는 손자녀가
느헤미야의 믿음을 본받게 하시고
자신의 능력만을 과신하지 않고 은혜를 구하게 하소서.

**09.20**

보내심을 받지 아니하였으면 어찌 전파하리요
기록된 바 아름답도다
좋은 소식을 전하는 자들의 발이여 함과 같으니라 (롬 10:15)

사랑하는 손자녀의 발걸음이
기쁨과 감격이 넘치는 발걸음,
좋은 소식을 전하는 아름다운 발걸음이 되게 하소서.

우리 주 예수 그리스도로 말미암아
우리에게 승리를 주시는
하나님께 감사하노니 (고전 15:57)

하나님의 선하신 손의 능력을 앞세우며
승리의 노래를 부르며 행진하는
사랑하는 손자녀로 자라도록 인도하소서.

**09.19**

평안의 복음이 준비한 것으로
신을 신고 (엡 6:15)

전투에 임한 군인의 신발이 그를 보호하듯
단단하고 견고한 주님의 능력과 사랑으로
손자녀의 여정을 붙드시고 책임져 주소서.

**04.12**

오직 나는 여호와의 영으로 말미암아
능력과 정의와 용기로 충만해져서
야곱의 허물과 이스라엘의 죄를 그들에게 보이리라 (미 3:8)

손자녀의 말과 행동과 마음이 예수님을 닮게 하셔서
어려운 일일지라도 뒤로 물러서지 않고
용기있게 나아가게 하소서.

## 09.18

사람이 마음으로 자기의 길을 계획할지라도
그의 걸음을 인도하시는 이는 여호와시니라 (잠 16:9)

사랑하는 손자녀가
걸음마다 하나님의 동행하심을 경험하며
주님 뜻에 순종해 힘차게 걸어가도록 인도하소서.

 **04.13**

또 그들에게 하나님의 선한 손이 나를 도우신 일과
왕이 내게 이른 말씀을 전하였더니 그들의 말이 일어나 건축하자 하고
모두 힘을 내어 이 선한 일을 하려 하매 (느 2:18)

사랑하는 손자녀가
다른 사람에게 힘과 용기를 안겨 주며
선한 영향력을 전하는 주님의 사람 되게 하소서.

**09.17**

다윗이 사울에게 말하되
그로 말미암아 사람이 낙담하지 말 것이라
주의 종이 가서 저 블레셋 사람과 싸우리이다 하니 (삼상 17:32)

사랑하는 손자녀가 골리앗 앞에 선 다윗처럼
결코 뒤돌아서거나 물러서지 않는
믿음의 사람, 담대한 사람, 열정의 사람이 되게 하소서.

너희는 이 세대를 본받지 말고
오직 마음을 새롭게 함으로 변화를 받아 하나님의 선하시고 기뻐하시고
온전하신 뜻이 무엇인지 분별하도록 하라 (롬 12:2)

이 세대를 본받지 않으며 마음을 새롭게 함으로
하나님의 선하시고 기뻐하시고 온전하신 뜻을
분별하여 행하는 믿음의 손자녀가 되게 하소서.

**09.16**

그리하면 모든 지각에 뛰어난 하나님의 평강이
그리스도 예수 안에서
너희 마음과 생각을 지키시리라 (빌 4:7)

두려운 마음이나 생각이 찾아올 때도
모든 지각에 뛰어나신 하나님의 평강이
손자녀를 끝까지 인도하심을 믿고 고백하게 하소서.

**04.15**

주는 나의 도움이 되셨음이라
내가 주의 날개 그늘에서 즐겁게 부르리이다 (시 63:7)

사랑하는 손자녀의 마음에
부정적 생각과 상처들이 사라지고
매사에 밝고 긍정적인 생각으로 가득하게 하소서.

## 09.15

이 모든 일에 전심 전력하여
너의 성숙함을 모든 사람에게 나타나게 하라 (딤전 4:15)

자신의 감정 상태를 잘 이해하는 능력과
감정을 잘 다룰 수 있는 성숙함을
사랑하는 손자녀에게 주소서.

만군의 하나님이여
우리를 회복하여 주시고 주의 얼굴의 광채를 비추사
우리가 구원을 얻게 하소서 (시 80:7)

하나님의 거룩하신 손길로 회복이 일어나
눈을 들어 하나님이 행하실 큰 일을 바라보는
사랑하는 손자녀 되게 하소서.

그런즉 서서 진리로 너희 허리 띠를 띠고
의의 호심경을 붙이고 (엡 6:14)

손자녀가 마음에 의의 호심경을 붙여
사탄의 거짓된 공격이 와도
의연히 막아내게 하소서.

**04.17**

지혜 있는 자는 궁창의 빛과 같이 빛날 것이요
많은 사람을 옳은 데로 돌아오게 한 자는
별과 같이 영원토록 빛나리라 (단 12:3)

사랑하는 손자녀가
많은 사람을 옳은 데로 돌아오게 함으로
별과 같이 영원토록 빛나는 지혜로운 삶을 살게 하소서.

## 09.13

그는 높은 곳에 거하리니 견고한 바위가 그의 요새가 되며
그의 양식은 공급되고
그의 물은 끊어지지 아니하리라 (사 33:16)

우리의 모든 형편을 아시는 하나님,
손자녀를 견고하고 단단한 바위 위에 붙들어 주시고
흔들리지 않고 중심을 잡게 하소서.

너희의 하나님 여호와를 사랑하고
그의 모든 길로 행하며 그의 계명을 지켜 그에게 친근히 하고
너희의 마음을 다하며 성품을 다하여 그를 섬길지니라 하고 (수 22:5 하)

사랑하는 손자녀가
하나님의 아름다운 성품을 닮아 가고
건강한 몸과 마음으로 성장하게 하소서.

**09.12**

너희로 지극히 선한 것을 분별하며 또 진실하여
허물 없이 그리스도의 날까지 이르고 (빌 1:10)

사랑하는 손자녀가
선한 일에는 빠른 결단으로 나아가게 하시고
미혹의 상황에서는 분별하여 걸음을 멈추게 하소서.

 **04.19**

주 여호와여 주는 나의 소망이시요
내가 어릴 때부터 신뢰한 이시라 (시 71:5)

거룩하신 하나님을 신뢰하고
부모에게 순종하며 인내와 용기와 책임감을 가진
사랑하는 손자녀가 되게 하소서.

주의 진리로 나를 지도하시고 교훈하소서
주는 내 구원의 하나님이시니
내가 종일 주를 기다리나이다 (시 25:5)

거짓과 탐욕이 가득한 세상에서
사랑하는 손자녀가 진리의 허리띠로 무장하여
악한 영의 속임수에 넘어지지 않도록 인도하소서.

**04.20**

자녀들아 우리가 말과 혀로만 사랑하지 말고
행함과 진실함으로 하자 (요일 3:18)

사랑하는 손자녀가
하나님을 진실로 사랑하는
믿음의 사람이 되게 하소서.

**09.10**

아이 사무엘이 점점 자라매
여호와와 사람들에게 은총을 더욱 받더라 (삼상 2:26)

사무엘처럼 여호와와 사람들에게 은총을 받으며
하나님께 가까이 나아가는
사랑하는 손자녀가 되게 하소서.

**04.21**

우리는 구원 받는 자들에게나 망하는 자들에게나
하나님 앞에서 그리스도의 향기니 (고후 2:15)

긍정적인 생각과 건강한 성품으로
이웃과 세상을 향해 그리스도의 향기를 전하는
거룩한 인생을 사는 손자녀 되게 하소서.

**09.09**

공의로 그의 허리띠를 삼으며
성실로 그의 몸의 띠를 삼으리라 (사 11:5)

진리의 허리띠를 굳게 매어
하나님이 부르실 때
언제나 아멘으로 화답하는 손자녀 되게 하소서.

또 어려서부터 성경을 알았나니
성경은 능히 너로 하여금 그리스도 예수 안에 있는 믿음으로 말미암아
구원에 이르는 지혜가 있게 하느니라 (딤후 3:15)

풍성한 말씀으로 먹이시는 하나님,
이 세상을 말씀으로 창조하신 것처럼
손자녀가 하나님 말씀으로 날마다 성장하게 하소서.

**09.08**

이것들이 아침마다 새로우니
주의 성실하심이 크시도소이다 (애 3:23)

승리의 나팔을 불게 하시는 하나님,
사랑하는 손자녀가 새로운 아침을 맞이할 때마다
하나님을 의지하며 신뢰하는 마음을 부어 주소서.

**04.23**

여호와여 나의 부르짖음이
주의 앞에 이르게 하시고
주의 말씀대로 나를 깨닫게 하소서 (시 119:169)

손자녀가 말씀을 듣고 읽을 때마다
깨닫는 지혜를 주시고
그 말씀을 기준 삼아 인생을 살게 하소서.

이제 후로는 나를 위하여 의의 면류관이 예비되었으므로
주 곧 의로우신 재판장이 그 날에 내게 주실 것이며
내게만 아니라 주의 나타나심을 사모하는 모든 자에게도니라 (딤후 4:8)

사랑하는 손자녀가
의의 면류관을 바라보며
하나님만을 사모하는 일꾼 되게 하소서.

**04.24**

간절한 마음으로 말씀을 받고
이것이 그러한가 하여
날마다 성경을 상고하므로 (행 17:11 하)

사랑하는 손자녀가
하나님의 말씀을 사랑하고
날마다 하나님 말씀을 경청하게 하소서.

나는 선한 싸움을 싸우고
나의 달려갈 길을 마치고 믿음을 지켰으니 (딤후 4:7)

손자녀가 일상에서 작은 승리들을 맛보며
큰 영적 전투에서 넘어지거나 요동하지 않아
달려갈 길을 마치고 믿음을 지키게 하소서.

## 04.25

하나님의 나라는 먹는 것과 마시는 것이 아니요
오직 성령 안에 있는 의와 평강과 희락이라 (롬 14:17)

눈물이 흐르는 순간이 찾아올지라도
하나님이 손자녀에게 베푸실
영원한 희락과 기쁨을 소망하게 하소서.

09.05

어떤 사람은 병거, 어떤 사람은 말을 의지하나
우리는 여호와 우리 하나님의 이름을
자랑하리로다 (시 20:7)

사랑하는 손자녀에게
영적 분별력을 허락하셔서
믿음의 선한 싸움에서 승리를 경험하게 하소서.

**04.26**

진리를 알지니
진리가 너희를 자유롭게 하리라 (요 8:32)

사랑하는 손자녀가
진리 안에서 진정한 자유를 누리게 하시고
말씀 안에서 위로받고 힘을 얻게 하소서.

## 09.04

아들 디모데야 내가 네게 이 교훈으로써 명하노니
전에 너를 지도한 예언을 따라
그것으로 선한 싸움을 싸우며 (딤전 1:18)

모든 일이 하나님 손에 달려 있음을 고백하며
날마다 도우시는 하나님의 손길을 만나는
손자녀가 되게 하소서.

**04.27**

내 눈을 돌이켜 허탄한 것을 보지 말게 하시고
주의 길에서 나를 살아나게 하소서 (시 119:37)

비록 좁은 길일지라도
기꺼이 주님이 원하시는 길로 가는
손자녀 되게 하소서.

믿음의 선한 싸움을 싸우라 영생을 취하라
이를 위하여 네가 부르심을 받았고
많은 증인 앞에서 선한 증언을 하였도다 (딤전 6:12)

사랑하는 손자녀가
어떤 영적인 싸움에도 흔들리지 않고
하나님의 승리를 굳게 믿게 하소서.

## 04.28

그 안에 생명이 있었으니
이 생명은 사람들의 빛이라 (요 1:4)

사랑하는 손자녀가
하나님을 모르는 사람들에게 빛을 전하는
복음의 삶을 살게 하소서.

**09.02**

마귀의 간계를 능히 대적하기 위하여
하나님의 전신 갑주를 입으라 (엡 6:11)

완악하고 패역한 문화가 짓누르는 세상에서
하나님의 전신 갑주를 힘입는
손자녀가 되게 하소서.

**04.29**

나의 조상들의 하나님이여 주께서 이제 내게 지혜와 능력을 주시고
우리가 주께 구한 것을 내게 알게 하셨사오니
내가 주께 감사하고 주를 찬양하나이다 (단 2:23 상)

사랑하는 손자녀가
하나님의 능력의 손을 찬양할 때
하나님의 일하심을 풍성히 경험하게 하소서.

너는 여호와를 기다릴지어다
강하고 담대하며 여호와를 기다릴지어다 (시 27:14)

사랑하는 손자녀가
주님이 부어 주신 담대한 능력으로
이 세상을 힘있게 살아가게 하소서.

그러므로 나의 사랑하고 사모하는 형제들,
나의 기쁨이요 면류관인 사랑하는 자들아
이와 같이 주 안에 서라 (빌 4:1)

경쟁심과 이기심으로 가득한 세상 속에서
주님의 사랑을 베푸는 손자녀가 되게 하시고
모든 관계 속에서 기쁨을 누리게 하소서.

**08.31**

여호와는 나의 빛이요 나의 구원이시니 내가 누구를 두려워하리요
여호와는 내 생명의 능력이시니 내가 누구를 무서워하리요 (시 27:1)

사랑하는 손자녀에게
아침 햇살 같은 넘치는 능력을 부어 주시고
저녁 노을 같은 따뜻한 마음을 부어 주소서.

**05.01**

오직 사랑 안에서 참된 것을 하여
범사에 그에게까지 자랄지라
그는 머리니 곧 그리스도라 (엡 4:15)

사랑하는 손자녀가
가정이라는 울타리 속에서
몸과 마음이 건강하고 안정감 있게 자라게 하소서.

그리하면 네 빛이 새벽 같이 비칠 것이며
네 치유가 급속할 것이며 네 공의가 네 앞에 행하고
여호와의 영광이 네 뒤에 호위하리니 (사 58:8)

사랑하는 손자녀가
몸과 마음을 치유하시는 하나님을 경험하며
기쁨의 경배를 드리게 하소서.

## 05.02

우리가 주목하는 것은
보이는 것이 아니요 보이지 않는 것이니
보이는 것은 잠깐이요 보이지 않는 것은 영원함이라 (고후 4:18)

겉으로 보이는 모습보다 내면을 소중히 여기고
다른 이의 지친 마음까지도 어루만지는
따뜻한 손자녀가 되게 하소서.

## 08.29

상심한 자들을 고치시며
그들의 상처를 싸매시는도다 (시 147:3)

사랑하는 손자녀의
상처와 아픔을 싸매어 주시고
절망과 좌절이 새 노래로 변화하는 은혜를 주소서.

**05.03**

너희는 이르기를 우리 구원의 하나님이여 우리를 구원하여
만국 가운데에서 건져내시고 모으사 우리로 주의 거룩한 이름을 감사하며
주의 영광을 드높이게 하소서 할지어다 (대상 16:35)

사랑하는 손자녀가
감사의 이유와 원인이
주님께 있음을 깨닫게 하소서.

**08.28**

이 곤고한 자가 부르짖으매
여호와께서 들으시고
그의 모든 환난에서 구원하셨도다 (시 34:6)

사랑하는 손자녀가
곤고함 가운데 있을지라도
주님 주시는 회복의 은혜를 경험케 하소서.

**05.04**

그는 정직한 자를 위하여 완전한 지혜를 예비하시며
행실이 온전한 자에게 방패가 되시나니 (잠 2:7)

사랑하는 손자녀가
상황에 맞는 지혜로운 말과 온전한 행실로
하나님과 사람들에게 기쁨이 되게 하소서.

**08.27**

내 계명에 귀를 기울이며 내 모든 규례를 지키면
내가 애굽 사람에게 내린 모든 질병 중 하나도 너희에게 내리지 아니하리니
나는 너희를 치료하는 여호와임이라 (출 15:26 하)

손자녀의 몸과 마음이 늘 강건케 하시고
모든 질병과 위험으로부터
손자녀를 지키시고 보호하소서.

**05.05**

너희 믿음의 확실함은 불로 연단하여도 없어질 금보다 더 귀하여
예수 그리스도께서 나타나실 때에
칭찬과 영광과 존귀를 얻게 할 것이니라 (벧전 1:7)

손자녀에게 금보다도 귀한 믿음을 주셔서
이 땅에 손자녀를 보내신 하나님 뜻을 따라
세상을 살게 하소서.

## 08.26

주를 찾는 모든 자들이 주로 말미암아 기뻐하고 즐거워하게 하시며
주의 구원을 사랑하는 자들이 항상 말하기를
하나님은 위대하시다 하게 하소서 (시 70:4)

위대하고 신실하신 하나님을 알고
하나님 말씀대로 순종함으로
복된 삶을 사는 손자녀가 되게 하소서.

**05.06**

그러므로 우리가 낙심하지 아니하노니
우리의 겉사람은 낡아지나
우리의 속사람은 날로 새로워지도다 (고후 4:16)

사랑하는 손자녀가
힘든 상황에 처하거나 고난을 당할 때라도
낙심하거나 낙망하지 않게 하소서.

좋은 것으로 네 소원을 만족하게 하사
네 청춘을 독수리 같이 새롭게 하시는도다 (시 103:5)

감사의 제목을 날마다 새롭게 부어 주시는 예수님,
사랑하는 손자녀의 전 생애가
아름다운 감사의 여정이 되게 하소서.

## 05.07

우리 구주 예수 그리스도로 말미암아
우리에게 그 성령을 풍성히 부어 주사 (딛 3:6)

사랑하는 손자녀가 하루를 마무리할 때
오늘도 풍성히 채워졌음을 발견하고
함께 해주신 성령님께 감사하게 하소서.

**08.24**

이르되 큰 은총을 받은 사람이여 두려워하지 말라 평안하라 강건하라 강건하라
그가 이같이 내게 말하매 내가 곧 힘이 나서 이르되
내 주께서 나를 강건하게 하셨사오니 말씀하옵소서 (단 10:19)

예배하는 삶을 통해 영육이 강건해지고
찬양을 통해 하나님을 영화롭게 하는
손자녀 되게 하소서.

**05.08**

자녀들아
주 안에서 너희 부모에게 순종하라
이것이 옳으니라 (엡 6:1)

사랑하는 손자녀가 가정 안에서
부모에게 순종하는 삶을 통해
참부모이신 하나님을 영원히 경외하게 하소서.

## 08.23

하나님이 그 성 중에 계시매
성이 흔들리지 아니할 것이라
새벽에 하나님이 도우시리로다 (시 46:5)

사랑하는 손자녀가
하루를 기도로 시작하고 감사로 마무리하는
하나님의 자녀가 되게 하소서.

**05.09**

내가 그리스도와 함께 십자가에 못 박혔나니
그런즉 이제는 내가 사는 것이 아니요
오직 내 안에 그리스도께서 사시는 것이라 (갈 2:20 상)

사랑하는 손자녀가
예수님이 이루신 십자가 사랑을 기억하고
자신이 받은 소명을 충성으로 감당하게 하소서.

하나님 우리 아버지와 주 예수 그리스도로부터
은혜와 평강이 너희에게 있을지어다 (엡 1:2)

부모의 손길이 미치지 못하는 순간일지라도
참부모이신 하나님이
사랑하는 손자녀를 친히 만나 주소서.

## 05.10

네가 이 세대에서 부한 자들을 명하여 마음을 높이지 말고
정함이 없는 재물에 소망을 두지 말고
오직 우리에게 모든 것을 후히 주사 누리게 하시는 하나님께 두며 (딤전 6:17)

이 세상의 유혹과 풍조를 따라 살지 않고
세상을 변화시키는
믿음의 손자녀로 살게 하소서.

**08.21**

곧 헛된 것과 거짓말을 내게서 멀리 하옵시며
나를 가난하게도 마옵시고 부하게도 마옵시고
오직 필요한 양식으로 나를 먹이시옵소서 (잠 30:8)

사랑하는 손자녀가 전능하신 하나님을 믿고
필요를 채우시며 예비하시는 하나님을
인생 안에서 발견하게 하소서.

**05.11**

무릇 하나님께로부터 난 자마다 세상을 이기느니라
세상을 이기는 승리는 이것이니
우리의 믿음이니라 (요일 5:4)

천국에 대한 소망을 가지고
주님의 강한 군사로 승리하는
믿음의 손자녀 되게 하소서.

**08.20**

이러므로 나의 평생에 주를 송축하며
주의 이름으로 말미암아
나의 손을 들리이다 (시 63:4)

사랑하는 손자녀가
하나님의 깊은 사랑을 깨닫고
일평생 하나님만 사랑하며 살게 하소서.

**05.12**

푯대를 향하여 그리스도 예수 안에서
하나님이 위에서 부르신 부름의 상을 위하여 달려가노라 (빌 3:14)

민음과 사명을 주시는 하나님,
오늘도 사명을 따를 힘과 용기를
사랑하는 손자녀에게 주소서.

**08.19**

두려워하지 말라 내가 너와 함께 함이라 놀라지 말라 나는 네 하나님이 됨이라
내가 너를 굳세게 하리라 참으로 너를 도와 주리라
참으로 나의 의로운 오른손으로 너를 붙들리라 (사 41:10)

앞을 가늠하기 어려운 인생 가운데
주님의 의로우신 오른손으로 붙드시고
손자녀의 갈 길을 인도해 주소서.

05.13

여호와는 나의 반석이시요 나의 요새시요 나를 건지시는 이시요
나의 하나님이시요 내가 그 안에 피할 나의 바위시요
나의 방패시요 나의 구원의 뿔이시요 나의 산성이시로다 (시 18:2)

반석이요 피할 바위이신 하나님,
손자녀가 인생길에서 만나는 문제 앞에서
두려워하거나 불안해하지 않게 하소서.

## 08.18

그리스도의 평강이 너희 마음을 주장하게 하라
너희는 평강을 위하여 한 몸으로 부르심을 받았나니
너희는 또한 감사하는 자가 되라 (골 3:15)

사랑하는 손자녀가
두려움을 떨치고
주님 주시는 샬롬을 경험하게 하소서.

너희는 너희의 하나님 여호와를 따르며
그를 경외하며 그의 명령을 지키며 그의 목소리를 청종하며
그를 섬기며 그를 의지하며 (신 13:4)

문제보다 더 크신 하나님을 의지함으로
손자녀의 모든 인생 문제가
하늘의 지혜로 풀리는 경험을 하게 하소서.

## 08.17

보라 내가 너희를 보냄이 양을 이리 가운데로 보냄과 같도다
그러므로 너희는 뱀 같이 지혜롭고
비둘기 같이 순결하라 (마 10:16)

세상의 이리로부터
손자녀를 안전하게 보호하시고
쉴 만한 물가와 푸른 초장으로 인도하소서.

## 05.15

하나님의 나라를 전파하며
주 예수 그리스도에 관한 모든 것을
담대하게 거침없이 가르치더라 (행 28:31)

사랑하는 손자녀가 믿음의 스승을 통해
하나님 나라와 예수님에 관한 모든 것을
배우고 선포하게 하소서.

## 08.16

그는 목자 같이 양 떼를 먹이시며
어린 양을 그 팔로 모아 품에 안으시며
젖먹이는 암컷들을 온순히 인도하시리로다 (사 40:11)

양을 품에 안으시는 목자처럼
사랑하는 손자녀를 품에 안아 주시고
일평생 하나님 품에 안전히 거하게 하소서.

우리는 그가 만드신 바라 그리스도 예수 안에서
선한 일을 위하여 지으심을 받은 자니 이 일은 하나님이 전에 예비하사
우리로 그 가운데서 행하게 하려 하심이니라 (엡 2:10)

사랑하는 손자녀가
하나님 안에서 꿈과 비전을 품게 하시고
하나님의 영광을 위해 쓰임 받게 하소서.

## 08.15

우리 하나님이여
이제 우리가 주께 감사하오며
주의 영화로운 이름을 찬양하나이다 (대상 29:13)

사랑하는 손자녀가
감사와 찬양이 끊이지 않는
주님의 거룩한 자녀가 되게 하소서.

## 05.17

여호와께서 요셉과 함께 하시므로
그가 형통한 자가 되어
그의 주인 애굽 사람의 집에 있으니 (창 39:2)

어디를 가든지 무엇을 하든지
사랑하는 손자녀와 동행하여 주시고
요셉처럼 형통한 삶을 살게 하소서.

**08.14**

여호와께서 환난 날에 나를 그의 초막 속에 비밀히 지키시고
그의 장막 은밀한 곳에 나를 숨기시며
높은 바위 위에 두시리로다 (시 27:5)

환난 가운데에서 보호하시는 하나님,
손자녀에게 악한 영과 나쁜 생각이 틈타지 않도록
보호하시고 지켜 주소서.

## 05.18

무슨 일을 하든지
마음을 다하여 주께 하듯 하고
사람에게 하듯 하지 말라 (골 3:23)

손자녀에게 집중력과 문제해결력을 주셔서
주어진 일에 최선을 다하고
배우는 일에 열정을 갖고 성장하게 하소서.

**08.13**

내가 많은 회중 가운데에서 의의 기쁜 소식을 전하였나이다
여호와여 내가 내 입술을 닫지 아니할 줄을
주께서 아시나이다 (시 40:9)

사랑하는 손자녀가
말씀과 기도로 강건하게 자라
아름다운 열매를 맺는 의의 나무가 되게 하소서.

**05.19**

그리스도의 말씀이 너희 속에 풍성히 거하여
모든 지혜로 피차 가르치며 권면하고 시와 찬송과 신령한 노래를 부르며
감사하는 마음으로 하나님을 찬양하고 (골 3:16)

사랑하는 손자녀가
하나님의 크고 놀라우신 섭리를 찬양하고 기뻐하는
주님의 자녀 되게 하소서.

 **08.12**

오직 여호와를 앙망하는 자는 새 힘을 얻으리니
독수리가 날개치며 올라감 같을 것이요 달음박질하여도 곤비하지 아니하겠고
걸어가도 피곤하지 아니하리로다 (사 40:31)

좁은 길을 찾는 이가 많지 않아 외로울 때
예수님이 친밀하게 동행하여 주시고
손자녀의 마음에 평안과 새 힘을 주소서.

## 05.20

지식에 절제를, 절제에 인내를, 인내에 경건을,
경건에 형제 우애를, 형제 우애에 사랑을 더하라 (벧후 1:6-7)

풍성한 은혜를 주시는 하나님,
사랑하는 손자녀가 하나님이 허락하신 모든 것을
지혜롭게 누리고 절제하며 살게 하소서.

종들은 우리 주의 말씀대로 무장하고
여호와 앞에서 다 건너가서 싸우리이다 (민 32:27)

음란한 세대 속에서
하나님 말씀으로 무장하게 하시고
악한 세상에서 손자녀의 믿음이 흔들리지 않게 하소서.

**05.21**

그가 우리에게 약속하신 것은 이것이니
곧 영원한 생명이니라 (요일 2:25)

사랑하는 손자녀가
영원한 것에 가치를 두고
하나님 안에서 소망을 품게 하소서.

좁은 문으로 들어가기를 힘쓰라
내가 너희에게 이르노니
들어가기를 구하여도 못하는 자가 많으리라 (눅 13:24)

사랑하는 손자녀가
세상의 넓고 화려한 길에 마음을 빼앗기지 않고
주님이 보이신 좁은 길을 힘써 따르게 하소서.

**05.22**

여호와 앞에 잠잠하고 참고 기다리라
자기 길이 형통하며 악한 꾀를 이루는 자 때문에
불평하지 말지어다 (시 37:7)

사랑하는 손자녀에게
말과 행동을 조절할 힘을 주시고,
감정에 치우친 경솔한 결정을 피하게 하소서.

## 08.09

주께 힘을 얻고
그 마음에 시온의 대로가 있는 자는
복이 있나이다 (시 84:5)

손자녀가 하나님의 주권과 통치를 인정하고
하나님 나라와 의를 먼저 구할 때
시온의 대로가 열리는 축복을 경험하게 하소서.

05.23

모든 겸손과 온유로 하고
오래 참음으로 사랑 가운데서 서로 용납하고 (엡 4:2)

예수님의 사랑과 인내를 기억하며
오래 참음을 본받는
손자녀 되게 하소서.

## 08.08

이같이 너희 빛이 사람 앞에 비치게 하여
그들로 너희 착한 행실을 보고
하늘에 계신 너희 아버지께 영광을 돌리게 하라 (마 5:16)

사랑하는 손자녀가 하나님을 사랑하고
이 세상에서 빛과 소금의 역할을 감당하며
천국의 소망을 품게 하소서.

## 05.24

하나님이 우리에게 주신 것은
두려워하는 마음이 아니요
오직 능력과 사랑과 절제하는 마음이니 (딤후 1:7)

사랑하는 손자녀가
하나님이 주신 능력과 사랑과 절제로
주님의 선하심을 본받아 살게 하소서.

## 08.07

여호와여 은총을 베푸사
나를 구원하소서
여호와여 속히 나를 도우소서 (시 40:13)

하나님의 뜻 안에서
사랑하는 손자녀를 이 땅에 보내시고
구원의 은총을 베풀어 주시니 감사합니다.

**05.25**

내가 이르노니
너희는 성령을 따라 행하라
그리하면 육체의 욕심을 이루지 아니하리라 (갈 5:16)

사랑하는 손자녀의 삶에
성령의 열매가 맺혀서 복음이 확장되고
하나님의 영광이 나타나게 하소서.

**08.06**

> 모든 사람의 눈이 주를 앙망하오니
> 주는 때를 따라 그들에게 먹을 것을 주시며 (시 145:15)

때를 따라 도우시는 하나님을 경험하고
인생의 희락과 삶의 보람을
매 순간 느끼는 손자녀 되게 하소서.

**05.26**

그러나 너희는 택하신 족속이요
왕 같은 제사장들이요 거룩한 나라요
그의 소유가 된 백성이니 (벧전 2:9 상)

사랑하는 손자녀가
하나님의 소유 된 백성으로
주님의 아름다운 덕을 선포하며 살게 하소서.

## 08.05

에스라가 하나님의 성전 앞에 엎드려 울며 기도하여 죄를 자복할 때에
많은 백성이 크게 통곡하매 이스라엘 중에서 백성의 남녀와
어린 아이의 큰 무리가 그 앞에 모인지라 (스 10:1)

손자녀가 믿음과 실력이 좋은 지도자를 만나
꼭 필요한 지식을 배우고 조언을 얻으며
실력을 키워 가게 하소서.

## 05.27

너희 안에 이 마음을 품으라
곧 그리스도 예수의 마음이니 (빌 2:5)

사랑하는 손자녀의 마음을
깨끗하게 씻어 주시고 새롭게 하사
악한 생각과 잘못된 가치관이 들어가지 않게 하소서.

아무 일에든지 다툼이나 허영으로 하지 말고
오직 겸손한 마음으로
각각 자기보다 남을 낫게 여기고 (빌 2:3)

겸손한 마음으로 많은 사람을 섬기고
기도에 더욱 힘쓰는
사랑하는 손자녀가 되게 하소서.

**05.28**

주의 빛과 주의 진리를 보내시어
나를 인도하시고
주의 거룩한 산과 주께서 계시는 곳에 이르게 하소서 (시 43:3)

진리와 빛이신 예수님이
사랑하는 손자녀의 인생을 다스려 주시고
거짓과 어둠의 영이 틈타지 못하도록 지켜 주소서.

**08.03**

그러므로 너희 마음의 허리를 동이고 근신하여
예수 그리스도께서 나타나실 때에
너희에게 가져다 주실 은혜를 온전히 바랄지어다 (벧전 1:13)

사랑하는 손자녀가
공동체의 지체들과 연합하여
하나님이 주신 사명을 잘 감당하게 하소서.

## 05.29

사람의 행위가 자기 보기에는 모두 정직하여도
여호와는 마음을 감찰하시느니라 (잠 21:2)

사랑하는 손자녀가 신실한 믿음을 가진 자로서
흔들리지 않게 하시고 매 순간 정직을 선택하여
칭찬과 인정을 받게 하소서.

**08.02**

그러므로 너희도 영적인 것을 사모하는 자인즉
교회의 덕을 세우기 위하여
그것이 풍성하기를 구하라 (고전 14:12)

사랑하는 손자녀가
하나님이 주신 풍성한 은사로
교회를 온전하게 세우게 하소서.

내가 평안히 눕고 자기도 하리니
나를 안전히 살게 하시는 이는
오직 여호와이시니이다 (시 4:8)

손자녀가 세상의 헛된 행복에 속지 않고
하나님이 주시는 참된 평안과 행복을
간절히 찾게 하소서.

네가 자기의 일에 능숙한 사람을 보았느냐
이러한 사람은 왕 앞에 설 것이요
천한 자 앞에 서지 아니하리라 (잠 22:29)

사랑하는 손자녀가
재능과 전문성을 개발하여
사회의 필요한 곳에 사용하게 하소서.

**05.31**

철이 철을 날카롭게 하는 것 같이
사람이 그의 친구의 얼굴을 빛나게 하느니라 (잠 27:17)

사랑하는 손자녀가
진실한 믿음의 친구들을 만나게 하시고
주 안에서 교제하며 다듬어지고 성장하게 하소서.

**07.31**

다섯 달란트 받았던 자는 다섯 달란트를 더 가지고 와서 이르되
주인이여 내게 다섯 달란트를 주셨는데
보소서 내가 또 다섯 달란트를 남겼나이다 (마 25:20)

사랑하는 손자녀만이 지닌 특별한 재능을
선물로 주셔서 감사합니다.
하나님 나라를 위해 귀히 쓰임받게 하소서.

## 06.01

하나님이여 내 속에 정한 마음을 창조하시고
내 안에 정직한 영을 새롭게 하소서 (시 51:10)

손자녀를 정직한 영으로 새롭게 하셔서
거짓과 슬픔과 억눌림이 사라지고
참된 자유와 기쁨을 마음껏 누리게 하소서.

## 07.30

주께서 내게 복을 주시려거든 나의 지역을 넓히시고 주의 손으로 나를 도우사
나로 환난을 벗어나 내게 근심이 없게 하옵소서 하였더니
하나님이 그가 구하는 것을 허락하셨더라 (대상 4:10 하)

사랑하는 손자녀가
하늘의 시선과 주님의 마음을 읽어
삶의 지경이 넓어지는 복된 인생이 되게 하소서.

## 06.02

보라 형제가 연합하여 동거함이
어찌 그리 선하고 아름다운고 (시 133:1)

사랑하는 손자녀에게 만남의 축복을 주셔서
어디를 가든지 믿음의 사람들을 만나게 하시고
주님 안에서 깊은 사랑의 교제를 나누게 하소서.

**07.29**

사라가 이르되
하나님이 나를 웃게 하시니
듣는 자가 다 나와 함께 웃으리로다 (창 21:6)

사랑하는 손자녀의 삶이
하나님을 기쁘시게 하고
하나님의 마음을 시원케 해드리게 하소서.

**06.03**

그러므로 너희가 그리스도 예수를
주로 받았으니 그 안에서 행하되 (골 2:6)

사랑하는 손자녀의 모든 대인관계 안에
진실과 사랑이 있게 하시고
따뜻한 관계가 유지되게 하소서.

## 07.28

아무 것도 염려하지 말고
다만 모든 일에 기도와 간구로,
너희 구할 것을 감사함으로 하나님께 아뢰라 (빌 4:6)

손자녀의 모든 염려와 불안이 사라지고
하나님이 주시는 샘솟는 기쁨으로 충만하여
감사와 찬양이 끊이지 않게 하소서.

**06.04**

하나님의 말씀을 너희에게 일러 주고
너희를 인도하던 자들을 생각하며 그들의 행실의 결말을 주의하여 보고
그들의 믿음을 본받으라 (히 13:7)

손자녀가 신앙의 본으로 삼을 목회자를 만나고
앎과 삶이 일치하는 목회자를 보면서
자신을 돌아보고 겸손히 배우게 하소서.

**07.27**

하나님의 말씀은 살아 있고 활력이 있어 좌우에 날선 어떤 검보다도 예리하여
혼과 영과 및 관절과 골수를 찔러 쪼개기까지 하며
또 마음의 생각과 뜻을 판단하나니 (히 4:12)

사랑하는 손자녀가
말씀의 검으로 악한 세력을 대적하고
언제나 하나님만을 의지하여 승리하게 하소서.

**06.05**

주의 존귀하고 영광스러운 위엄과
주의 기이한 일들을
나는 작은 소리로 읊조리리이다 (시 145:5)

사랑하는 손자녀가
말씀을 읽고 암송할 때 심령에 기록되어
평생 그 앞에 순종하는 삶이 되게 하소서.

하나님의 도는 완전하고
여호와의 말씀은 진실하니
그는 자기에게 피하는 모든 자에게 방패시로다 (삼하 22:31)

손자녀가 좌절하고 낙심할 때
하나님이 큰 힘이 되어 주시고
위험한 순간을 만날 때 방패가 되소서.

이제 종이 주의 종들인 이스라엘 자손을 위하여 주야로 기도하오며
우리 이스라엘 자손이 주께 범죄한 죄들을 자복하오니
주는 귀를 기울이시며 눈을 여시사 종의 기도를 들으시옵소서 (느 1:6 상)

사랑하는 손자녀가 느헤미야처럼
민족의 아픔에 기도의 손을 모으며
무릎 꿇게 하소서.

나 여호와가 의로 너를 불렀은즉
내가 네 손을 잡아 너를 보호하며 너를 세워
백성의 언약과 이방의 빛이 되게 하리니 (사 42:6)

사고와 위험 속에서
큰 아픔과 어려움을 당하지 않도록
손자녀를 지키시고 보호하여 주소서.

우리가 이것을 말하거니와 사람의 지혜가 가르친 말로 아니하고
오직 성령께서 가르치신 것으로 하니
영적인 일은 영적인 것으로 분별하느니라 (고전 2:13)

사랑하는 손자녀에게
하나님의 뜻을 보는 눈을 열어 주시고,
진리를 옳게 분별하는 손자녀가 되게 하소서.

**07.24**

시험을 참는 자는 복이 있나니 이는 시련을 견디어 낸 자가
주께서 자기를 사랑하는 자들에게 약속하신
생명의 면류관을 얻을 것이기 때문이라 (약 1:12)

유혹으로 가득한 세상에서
사랑하는 손자녀가 시험에 빠지지 않아
생명의 면류관을 얻게 하소서.

**06.08**

하나님이 우리를 구원하사 거룩하신 소명으로 부르심은
우리의 행위대로 하심이 아니요 오직 자기의 뜻과 영원 전부터
그리스도 예수 안에서 우리에게 주신 은혜대로 하심이라 (딤후 1:9)

하나님이 주신 소명을 가슴에 품고
책임감과 인내로 주어진 믿음의 경주를
힘있게 완주하는 손자녀 되게 하소서.

07.23

나의 하나님이 그리스도 예수 안에서
영광 가운데 그 풍성한 대로
너희 모든 쓸 것을 채우시리라 (빌 4:19)

사랑하는 손자녀가
언제나 가장 좋은 것으로 채우시는 하나님을 믿고
감사와 만족을 배우며 참된 행복을 누리게 하소서.

**06.09**

그가 이르되 우리 주인 아브라함의 하나님 여호와여
원하건대 오늘 나에게 순조롭게 만나게 하사
내 주인 아브라함에게 은혜를 베푸시옵소서 (창 24:12)

사랑하는 손자녀가
고민과 갈등이 있을 때 찾아가 마음을 나눌
따뜻하고 현명한 믿음의 사람들을 만나게 하소서.

이삭이 리브가를 인도하여 그의 어머니 사라의 장막으로 들이고
그를 맞이하여 아내로 삼고 사랑하였으니
이삭이 그의 어머니를 장례한 후에 위로를 얻었더라 (창 24:67)

사랑하는 손자녀가 믿음의 배우자를 만나
아름다운 가정을 이루게 하시고
나누고 베푸는 물질과 마음의 여유를 갖게 하소서.

**06.10**

의인은 종려나무 같이 번성하며
레바논의 백향목 같이 성장하리로다 (시 92:12)

사랑하는 손자녀가 진실한 교제를 통해
마음에 위로와 힘을 얻고 인격이 다듬어지고
전인적인 성장이 일어나게 하소서.

**07.21**

하나님의 묵시를 밝히 아는 스가랴가
사는 날에 하나님을 찾았고 그가 여호와를 찾을 동안에는
하나님이 형통하게 하셨더라 (대하 26:5)

손자녀의 모든 일에 형통의 복을 주셔서
주님이 드러나게 하시고
세상이 살아 계신 하나님을 인정하게 하소서.

**06.11**

그 때에 여호와께서 모세에게 이르시되
보라 내가 너희를 위하여 하늘에서 양식을 비 같이 내리리니
백성이 나가서 일용할 것을 날마다 거둘 것이라 (출 16:4 상)

사랑하는 손자녀가
매일 일용할 하늘의 양식으로
날마다 복을 누리게 하소서.

**07.20**

내 교훈은 비처럼 내리고 내 말은 이슬처럼 맺히나니
연한 풀 위의 가는 비 같고 채소 위의 단비 같도다 (신 32:2)

크고 작은 장애물 앞에 담대한 마음을 주시고
때를 따라 단비를 내리시는 하나님을 의지하며
무릎 꿇는 손자녀 되게 하소서.

**06.12**

그들이 그 환난 때에
이스라엘 하나님 여호와께로 돌아가서 찾으매
그가 그들과 만나게 되셨나니 (대하 15:4)

손자녀가 자기 삶에서 경험한 은혜를 나누며
하나님의 놀라우신 역사와 섭리를
신실하게 고백하게 하소서.

## 07.19

내가 주를 바라오니
성실과 정직으로 나를 보호하소서 (시 25:21)

사랑하는 손자녀가
주님을 전심으로 찾게 하시고
주님과 함께 인생 여정을 성실히 살아가게 하소서.

**06.13**

그러므로 우리는 예수로 말미암아
항상 찬송의 제사를 하나님께 드리자
이는 그 이름을 증언하는 입술의 열매니라 (히 13:15)

믿음의 공동체 안에서
함께 하나님을 예배하고
예수님의 마음을 본받는 손자녀 되게 하소서.

온갖 좋은 은사와 온전한 선물이
다 위로부터 빛들의 아버지께로부터 내려오나니
그는 변함도 없으시고 회전하는 그림자도 없으시니라 (약 1:17)

손자녀가 하나님이 주신 은사를 발견하고
하나님의 뜻 가운데서
인생의 비전을 찾게 하소서.

**06.14**

형제들아 너희는 함께 나를 본받으라
그리고 너희가 우리를 본받은 것처럼
그와 같이 행하는 자들을 눈여겨 보라 (빌 3:17)

사랑하는 손자녀가
훗날 후배에게 나를 본받으라고 말할 수 있는
믿음의 선배, 좋은 스승이 되게 하소서.

## 07.17

> 아침에 주의 인자하심이
> 우리를 만족하게 하사
> 우리를 일생 동안 즐겁고 기쁘게 하소서 (시 90:14)

하나님이 베푸신 은혜에 만족하며

항상 감사를 고백하고

행복한 마음을 갖는 손자녀 되게 하소서.

내 안에 거하라 나도 너희 안에 거하리라
가지가 포도나무에 붙어 있지 아니하면 스스로 열매를 맺을 수 없음 같이
너희도 내 안에 있지 아니하면 그러하리라 (요 15:4)

사랑하는 손자녀가
악한 친구들과의 사귐을 거부하고
진정한 친구이신 예수님을 꼭 붙잡게 하소서.

## 07.16

그들이 평온함으로 말미암아 기뻐하는 중에
여호와께서 그들이 바라는 항구로 인도하시는도다 (시 107:30)

사랑하는 손자녀가
좋은 선생님, 친구, 배우자를 만나게 하시고
손자녀의 걸음마다 복된 곳으로 인도하소서.

## 06.16

요나단은 다윗을 자기 생명 같이 사랑하여
더불어 언약을 맺었으며 (삼상 18:3)

사랑하는 손자녀가 믿음이 좋은 친구를
만나게 하시고 우정을 쌓고 성장해 가며
친구를 위해 진심으로 기도하는 중보자 되게 하소서.

**07.15**

요셉은 무성한 가지 곧 샘 곁의 무성한 가지라
그 가지가 담을 넘었도다 (창 49:22)

사랑하는 손자녀가
자기 안의 풍성함을 다른 사람에게 나누는
축복의 통로가 되게 하소서.

**06.17**

즐거워하는 자들과 함께 즐거워하고
우는 자들과 함께 울라 (롬 12:15)

서로를 경쟁 상대로 생각하지 않고
장점을 발견하고 세워 주며 함께 웃고 함께 우는
참된 우정을 누리는 손자녀 되게 하소서.

## 07.14

그는 시냇가에 심은 나무가 철을 따라 열매를 맺으며
그 잎사귀가 마르지 아니함 같으니
그가 하는 모든 일이 다 형통하리로다 (시 1:3)

시냇가의 나무가 시절을 따라 과실을 맺듯이
사랑하는 손자녀가 영적으로 메마르지 않고
풍성한 생명을 누리게 하소서.

**06.18**

사람이 친구를 위하여 자기 목숨을 버리면
이보다 더 큰 사랑이 없나니 (요 15:13)

불의를 보고 외면하지 않게 하시고
도움을 구하는 친구들의 손을 기꺼이 잡아 주는
마음이 따뜻한 손자녀가 되게 하소서.

**07.13**

내 평생에 선하심과 인자하심이
반드시 나를 따르리니
내가 여호와의 집에 영원히 살리로다 (시 23:6)

사랑하는 손자녀가
하나님이 주시는 평안을 평생 누리며
하나님이 기뻐하시는 선한 뜻을 품게 하소서.

**06.19**

느부갓네살이 말하여 이르되
사드락과 메삭과 아벳느고의 하나님을 찬송할지로다 (단 3:28 상)

사랑하는 손자녀의 삶에
하나님의 말씀을 실천하는 용기를 주시고,
믿음의 이야기를 함께 써 갈 친구를 만나게 하소서.

그의 주인이 여호와께서 그와 함께 하심을 보며
또 여호와께서 그의 범사에 형통하게 하심을 보았더라 (창 39:3)

요셉처럼 하나님과 동행하고 의지함으로
손자녀가 어느 곳에 가든지 형통하고
좋은 열매를 맺게 하소서.

**06.20**

보라 자식들은 여호와의 기업이요
태의 열매는 그의 상급이로다 (시 127:3)

하나님의 섭리 안에서
손자녀가 아름다운 가정을 이루게 하시고
믿음의 열매를 풍성히 맺게 인도하소서.

**07.11**

주의 백성을 구원하시며 주의 산업에 복을 주시고
또 그들의 목자가 되시어
영원토록 그들을 인도하소서 (시 28:9)

사랑하는 손자녀가 세상이 말하는 복이 아닌
하나님이 주시는 참되고 영원한 복을
소망하게 하소서.

누가 누구에게 불만이 있거든
서로 용납하여 피차 용서하되 주께서 너희를 용서하신 것 같이
너희도 그리하고 (골 3:13)

억울하고 불리한 상황 속에서도
손자녀에게 주님의 마음을 부어 주셔서
주님 주신 힘으로 이해하고 용납하게 하소서.

주께서 이같이 우리에게 명하시되
내가 너를 이방의 빛으로 삼아
너로 땅 끝까지 구원하게 하리라 하셨느니라 하니 (행 13:47)

사랑하는 손자녀가
온 누리를 다스리시는 주님을 바라보며
세계와 열방을 향한 사명을 품게 하소서.

이는 네 속에 거짓이 없는 믿음이 있음을 생각함이라
이 믿음은 먼저 네 외조모 로이스와 네 어머니 유니게 속에 있더니
네 속에도 있는 줄을 확신하노라 (딤후 1:5)

사랑하는 손자녀가 부모의 헌신을 통해
하나님의 사랑을 깨닫게 하시고,
조부모의 지혜를 통해 하나님의 인애를 깨닫게 하소서.

선한 사람은 마음에 쌓은 선에서 선을 내고
악한 자는 그 쌓은 악에서 악을 내나니
이는 마음에 가득한 것을 입으로 말함이니라 (눅 6:45)

선한 마음과 복된 입술로 이웃을 섬기며
예수님의 작은 제자로 사는
손자녀 되게 하소서.

## 06.23

사랑하는 자들아 우리가 서로 사랑하자
사랑은 하나님께 속한 것이니
사랑하는 자마다 하나님으로부터 나서 하나님을 알고 (요일 4:7)

사랑하는 손자녀가 어른을 존경하며
권위에 순종하는 법을 배우게 하시고
가정은 서로 소중히 가꿔야 하는 정원임을 알게 하소서.

**07.08**

대답하여 이르되 네 마음을 다하며
목숨을 다하며 힘을 다하며 뜻을 다하여 주 너의 하나님을 사랑하고
또한 네 이웃을 네 자신 같이 사랑하라 하였나이다 (눅 10:27)

사랑하는 손자녀가
하나님 사랑과 이웃 사랑에 균형을 이루어
주님의 십자가를 따르는 삶을 살게 하소서.

**06.24**

그런즉 너는 알라 오직 네 하나님 여호와는 하나님이시요
신실하신 하나님이시라 그를 사랑하고 그의 계명을 지키는 자에게는
천 대까지 그의 언약을 이행하시며 인애를 베푸시되 (신 7:9)

손자녀와 함께하는 우리 가정이
하나님의 다스리심 안에서 즐거움을 누리는
주님의 가정 되게 하소서.

 **07.07**

사무엘이 이르되 여호와께서 번제와 다른 제사를
그의 목소리를 청종하는 것을 좋아하심 같이 좋아하시겠나이까
순종이 제사보다 낫고 듣는 것이 숫양의 기름보다 나으니 (삼상 15:22)

사랑하는 손자녀가
순종이 제사보다 나음을 알고
하나님 말씀에 순종하는 마음을 갖게 하소서.

## 06.25

네 자녀에게 부지런히 가르치며
집에 앉았을 때에든지 길을 갈 때에든지 누워 있을 때에든지 일어날 때에든지
이 말씀을 강론할 것이며 (신 6:7)

하나님 말씀을 기준으로 삼고
하나님을 예배하는 믿음의 가정 되어
손자녀에게 모범을 보이게 하소서.

## 07.06

너는 마음을 다하고
뜻을 다하고 힘을 다하여
네 하나님 여호와를 사랑하라 (신 6:5)

사랑하는 손자녀가
마음과 뜻과 힘을 다하여 하나님을 사랑하고
그 사랑을 다른 것에 빼앗기지 않게 하소서.

**06.26**

여호와여 주의 인자하심이
선하시오니 내게 응답하시며
주의 많은 긍휼에 따라 내게로 돌이키소서 (시 69:16)

가정의 크고 작은 기도 제목에 응답하여 주시고
손자녀 양육에 필요한
지혜와 물질을 채워 주소서.

**07.05**

오직 나는 주의 풍성한 사랑을 힘입어
주의 집에 들어가 주를 경외함으로
성전을 향하여 예배하리이다 (시 5:7)

이 세상 그 무엇보다 하나님을 사랑하고
찬양하고 예배하는 일에
최우선을 두는 손자녀 되게 하소서.

**06.27**

평생에 자기 옆에 두고 읽어
그의 하나님 여호와 경외하기를 배우며
이 율법의 모든 말과 이 규례를 지켜 행할 것이라 (신 17:19)

일평생 하나님의 음성을 청종하며
하나님을 예배하며 십자가의 도를 실천하는
손자녀가 되게 하소서.

새 사람을 입었으니
이는 자기를 창조하신 이의 형상을 따라
지식에까지 새롭게 하심을 입은 자니라 (골 3:10)

사랑하는 손자녀가
자신을 지으시고 이 땅에 태어나게 하신
창조주 하나님을 경외하게 하소서.

**06.28**

우리 각 사람이 이웃을 기쁘게 하되
선을 이루고 덕을 세우도록 할지니라 (롬 15:2)

편협한 생각과 자기중심적인 마음을 버리고
예수님의 사랑을 받은 자로
이웃에게도 그 사랑을 베푸는 손자녀 되게 하소서.

**07.03**

너희는 더욱 큰 은사를 사모하라
내가 또한 가장 좋은 길을 너희에게 보이리라 (고전 12:31)

하나님이 손자녀에게 주신 은사를
오늘 하루 아름답게 사용하여
세상을 변화시키는 그리스도인 되게 하소서.

## 06.29

좋은 소식을 전하며 평화를 공포하며 복된 좋은 소식을 가져오며
구원을 공포하며 시온을 향하여 이르기를 네 하나님이
통치하신다 하는 자의 산을 넘는 발이 어찌 그리 아름다운가 (사 52:7)

사랑하는 손자녀가
이웃과 세상에 복된 소식을 전하는
평화의 도구가 되게 하소서.

**07.02**

하나님의 말씀과 기도로
거룩하여짐이라 (딤전 4:5)

사랑하는 손자녀가 아침마다
말씀과 기도로 거룩한 옷을 입고
성령의 열매를 맺게 하소서.

**06.30**

우리가 항상 너희에 관하여 마땅히 하나님께 감사할 것은
하나님이 처음부터 너희를 택하사 성령의 거룩하게 하심과
진리를 믿음으로 구원을 받게 하심이니 (살후 2:13 하)

중보자와 위로자이신 하나님,
손자녀에게 성령님을 선물로 보내 주시고
풍성한 은혜를 누리게 하시니 감사드립니다.

**07.01**

모든 사람과 더불어
화평함과 거룩함을 따르라
이것이 없이는 아무도 주를 보지 못하리라 (히 12:14)

사랑하는 손자녀가
가는 곳마다 화평케 하시고
진리를 말함으로 생명이 살아나게 하소서.